信息管理本科教材系列

档案整理理论与实务

李海涛 ◎ 主编

中山大学出版社
·广州·

版权所有　翻印必究

图书在版编目（CIP）数据

档案整理理论与实务 / 李海涛主编. —广州：中山大学出版社，2022.6
（信息管理本科教材系列）
ISBN 978 - 7 - 306 - 07479 - 9

Ⅰ. ①档… Ⅱ. ①李… Ⅲ. ①档案整理—高等学校—教材 Ⅳ. ①G272

中国版本图书馆 CIP 数据核字（2022）第 046299 号

出 版 人：王天琪
策划编辑：廖丽玲
责任编辑：廖丽玲
封面设计：曾　斌
责任校对：赵　婷
责任技编：靳晓虹
出版发行：中山大学出版社
电　　话：编辑部 020 - 84110283，84111996，84111997，84113349
　　　　　发行部 020 - 84111998，84111981，84111160
地　　址：广州市新港西路 135 号
邮　　编：510275　　　　传　真：020 - 84036565
网　　址：http://www.zsup.com.cn　　E-mail：zdcbs@mail.sysu.edu.cn
印 刷 者：佛山市浩文彩色印刷有限公司
规　　格：787mm×1092mm　1/16　15.5 印张　337 千字
版次印次：2022 年 6 月第 1 版　2022 年 6 月第 1 次印刷
定　　价：48.00 元

如发现本书因印装质量影响阅读，请与出版社发行部联系调换

信息管理本科教材系列编委会

林俊洪　　张　靖　　陈定权　　聂永浩　　彭国超
李海涛　　周　旖　　朱　侯　　唐　琼

本书编委会

主　编：李海涛

副主编：罗定良

编　委：吴伟丽　　徐亚婷　　郭　静　　汤刘柳
　　　　苗亚新　　张蕴怡　　靳国庆　　吴美丽

前　言

《档案整理理论与实务》是面向党政机关、企事业单位、社会团体等档案部门在职、兼职工作人员及大专院校档案学专业学生的，将档案整理基础理论与档案整理工作方法技能密切结合的，旨在培养理论加应用型的档案整理专业人才的培训教材。

本教材编写组成员深入各级各类档案馆（室）及档案整理实践现场，主要围绕文书档案、基建档案、设备档案、会计档案、声像档案、实物档案、学校档案、电子文档、家庭档案整理的基本理论与整理方法和技能等内容，展开相关材料和案例的收集、整理、汇编。本教材具有覆盖面广、易学易懂、实操性强的特点。

为了将行业最新成果纳入教材，编写组参考借鉴了国家、行业标准规范以及档案整理理论与实践丰富的最新成果，并在参考文献中予以注明，在此向这些作者表示感谢，疏漏之处，敬请谅解。

本教材由李海涛负责逻辑架构、总体设计、统稿、审校，罗定良、吴伟丽、吴美丽负责协助教材设计、统稿、审校。第一、二章由徐亚婷负责编写；第三章由郭静负责编写；第四、七、八章由汤刘柳负责编写；第五、六章由苗亚新负责编写；第九章由张蕴怡负责编写；第十章由张蕴怡、靳国庆负责编写。此外，杨晗、朱光亚、巫兰兰等同学参与了教材的资料收集、整理、校对等工作。

本教材的编写和出版得到了中山大学、中山大学信息管理学院以及广州慧信档案技术有限公司等的支持和帮助，衷心感谢中山大学信息管理学院领导、同事的支持，感谢档案行业同仁的帮助。感谢为本教材出版付出辛勤汗水的中山大学出版社的编校人员。

鉴于水平有限，教材中的疏漏、缺点与错误，还望学界、业界专家学者包涵、斧正。

李海涛

2022 年 5 月于中山大学蒲园

CONTENTS

目 录

第 1 章　档案管理概述 ··· 1
　1.1　档案 ··· 2
　1.2　档案管理 ··· 6
　参考文献 ·· 15

第 2 章　文书档案整理 ·· 18
　2.1　文书档案概述 ··· 19
　2.2　文书档案归档 ··· 20
　2.3　归档文件的整理 ·· 24
　参考文献 ·· 47

第 3 章　基建档案整理 ·· 50
　3.1　基建档案的概念及特点 ······································· 51
　3.2　基建档案归档 ··· 51
　3.3　基建档案的整理 ·· 54
　参考文献 ·· 66
　附录　建设项目文件归档范围和保管期限表 ················ 67

第 4 章　设备档案整理 ·· 75
　4.1　设备档案的概念 ·· 76
　4.2　设备档案的特点 ·· 76

1

4.3 设备档案的形成和归档 …………………………………………… 77

4.4 设备档案的整理 …………………………………………………… 82

参考文献 ………………………………………………………………… 92

第 5 章　会计档案管理 …………………………………………………… 94

5.1 会计档案的概念与类别 …………………………………………… 95

5.2 会计文件材料的收集 ……………………………………………… 98

5.3 会计档案的整理 …………………………………………………… 101

5.4 会计档案保管期限 ………………………………………………… 115

参考文献 ………………………………………………………………… 115

附录 5.1　企业和其他组织会计档案保管期限 …………………… 117

附录 5.2　财政总预算、行政单位、事业单位和税收会计档案保管
期限 …………………………………………………………… 118

第 6 章　声像档案管理 …………………………………………………… 120

6.1 声像档案的概念 …………………………………………………… 121

6.2 声像文件材料的收集 ……………………………………………… 121

6.3 声像档案的整理 …………………………………………………… 124

6.4 声像档案的保管 …………………………………………………… 139

参考文献 ………………………………………………………………… 142

第 7 章　实物档案整理 …………………………………………………… 145

7.1 实物档案的概念 …………………………………………………… 146

7.2 实物档案的特点 …………………………………………………… 146

7.3 实物档案的收集归档 ……………………………………………… 148

7.4 实物档案的整理 …………………………………………………… 149

7.5 其他需注意的问题 ………………………………………………… 154

参考文献 ………………………………………………………………… 155

第 8 章　学校档案整理 …… 156

- 8.1　学校档案的概念 …… 157
- 8.2　学校档案的特点 …… 157
- 8.3　学校档案的分类 …… 158
- 8.4　学校档案归档 …… 166
- 8.5　学校档案的保管期限 …… 168
- 8.6　学校档案的整理 …… 168
- 参考文献 …… 181

第 9 章　电子文件归档与电子档案管理 …… 183

- 9.1　相关概念 …… 184
- 9.2　电子档案管理原则 …… 185
- 9.3　电子文件的归档 …… 186
- 9.4　电子文件与电子档案的收集与整理 …… 191
- 9.5　归档电子文件的保管与利用 …… 199
- 9.6　电子档案管理系统 …… 203
- 9.7　电子档案整理实例——会计电子档案与基建电子档案 …… 204
- 参考文献 …… 208

第 10 章　家庭档案整理 …… 212

- 10.1　家庭档案的概念 …… 213
- 10.2　家庭档案的特点与意义 …… 214
- 10.3　家庭档案的归档 …… 216
- 10.4　家庭档案的整理 …… 218
- 10.5　家庭档案的保管与利用 …… 228
- 10.6　家庭档案整理实例——侨批档案 …… 234
- 参考文献 …… 234

第 1 章　档案管理概述

知识目标

（1）掌握档案的内涵、分类与作用。
（2）明确档案管理的内容、原则、理论、制度、组织体系、基础设施建设等内容。

能力目标

（1）理解档案的内涵、种类和作用，明确档案管理的重要意义。
（2）明确档案管理的内容、原则、理论、制度、组织体系等内容，为理解与科学开展档案管理工作奠定基础。

案例导入

某公司自成立以来未建立配套的档案管理制度，各职能部门形成的如章程、合同等文件材料未及时归档，散放在部门或个人手中，致使在业务活动开展中所需档案资料无法及时提供，问题频发，给工作带来不便和损失。为此，该市档案主管部门依据《中华人民共和国档案法》（简称《档案法》）、《档案行政处罚程序暂行规定》等有关规定，对该公司处以罚款并通报全市。

案例解析

档案管理制度是依据党和国家档案管理方针政策制定的，用以明确档案管理各环节原则、流程、方法的规范，是开展档案业务工作必须遵循的规范、标准。各项档案管理制度的建设都应以党和国家的各项档案法律法规、方针政策，以及本系统、本地区档案工作规章制度为依据，同时还要结合本系统、本地区、本单位的实际，制定并切实执行档案管理制度。只有档案管理工作搞好了，档案资料的查找利用才会便利，才能提高工作和办事效率。

1.1 档案

1.1.1 档案的定义

档案是国家机构、社会组织或个人在社会活动中直接形成的具有备考或凭证价值的各种形式的历史记录。① 档案的基本内涵包括：

（1）从来源上看。档案是法人或者自然人在生产、生活、学习、科研、建设等社会性活动中形成的有价值的历史记录。档案的来源非常广泛，既包括机关、团体、部队、企事业单位、科研院所、医疗机构等，也包括家庭、个人等。同一来源档案之间存在着密切的业务、逻辑、历史等关联，档案整理必须尊重和维护同一来源档案间的关联，才能最大限度地发挥档案的价值。

（2）从形成条件上看。文件成为档案需要具备以下条件：①必须是办理完毕的文件。以公文为例，办理完毕在收文阶段是指承办结束后，在发文阶段是指文件登记发出后。②必须是对日后工作或业务开展具有或查考或利用或凭证价值的文件。③必须是按照一定规则，如来源、事由等有序化整理完毕的文件。当然社会政治制度及技术环境的变革是影响档案形成的宏观外在条件，不断改变着档案的类型、内涵及外延。

（3）从形式上看。档案的形式包括档案的载体形式、形成档案的文件类型和档案内容的记录形式等。我国档案的载体形式包括龟甲兽骨、青铜钟鼎、竹木板片、金册铁券、缣帛、纸张、胶片、磁带、磁盘等；形成档案的文件类型包括诏、谕、题本、奏折、咨呈、照会、电报、命令、通知、条约、协议、计划、报表、会议记录、手稿、日记、信函等；档案内容的记录形式包括手写、刀刻、印刷、晒制、摄影、录音、录像等。

（4）从属性上看。档案的本质属性是指档案的原始记录性。档案是业务、事务性等活动中形成的反映业务过程"痕迹"的原始记录，具有形成过程与时间的同一性、形成过程不可回溯性。所以，原始记录性是档案区别于图书资料、情报等其他记录的本质属性。作为原始记录，档案的形成过程与时间是同一的，是伴随业务与事务开展的时间和流程同步形成，不可回溯的客观历史记录。档案记录的内容是相对真实的，一方面，档案记录基本上反映了业务、事务等的客观

---

① 中华人民共和国国家档案局：《档案工作基本术语》，详见 https://www.saac.gov.cn/daj/hybz/dabz_list_5.shtml。

事实;另一方面,受限于人类认知的局限性及其他因素,记录也有部分内容失实,但长期来看,它们可从侧面或反面印证事实本身,因此,针对内容不实的档案,既不能简单地"付之一炬",也不能人为地"改造",可在考证后于卷内备考表内附以必要的说明。[1][2]

需要说明的是,档案的内涵与外延随着人类社会及记录技术的进步而不断扩充。以记录技术为例,人类历史经历了从模拟记录技术环境到数字记录技术环境再到当前以大数据、云计算为代表的新技术环境的过程。记录技术环境的变迁改变了传统档案的内涵及外延,即档案由传统"白纸黑字"的模拟态扩充为数字态下的电子档案再扩充至"数据与规则"并存的档案数据。同时,记录技术环境的变迁也在改变档案的"原件"观、归档对象及管理模式。[3]

随着档案内涵及外延的不断改变,作为有价值的历史记录,档案在服务党政机关、企事业单位及各类社会团体,传承国家民族记忆及文化历史中必将发挥更大作用。

1.1.2 档案的分类

为有效整理、组织和开发档案,需要采用多种方法从多个角度对档案进行分类。按照各分类标准形成的各种档案种类的概念均有其特定的标识功能,揭示档案某一属性或特征。档案分类旨在通过降低归档文件之间的多维关系,实现相近或相关类属归档文件的组合,方便档案的整理、管理、查找、开发及利用。采用的分类标准不同,形成的档案类型各异。按照对象划分,档案可分为公务档案与私人档案;按照形成时间和档案作用划分,档案可分为历史档案与现行档案;在实践中,属国家所有档案可划分为新中国成立之后的档案、革命历史档案和旧政权档案;按照内容划分,档案可分为文书档案、科技档案与专门档案。其中,文书档案是指机关、团体、企事业单位等在党务、政务、事务、业务等活动中直接形成的,由通用文书转化而来的档案;科技档案是指在科技生产、研发等活动中直接形成的,具有备考或凭证等价值的科技文件记录,如科研图纸、设计方案、任务书、科研报告等。与文书档案不同,科技档案是科研活动中形成的具有价值的记录。随着科学技术的发展,科研活动增加,科技档案日益增多,形成了多类型专业档案体系。专门档案是指特定业务或事务性活动中保存的备以查考的专门文件形成的有价值的历史记录。其中,专门文件是指机关团体、企事业单位及其他社会组织在专业性活动中为实现相关职能目标而形成的各类有价值的数据或信息记录,常见的专门档案包括会计档案、人事档案、诉讼档案、病历档案、婚姻登记和工商注册登记档案等。较之文书档案,专门档案更具有独立性和规律性。专门档案的概念形成较晚,从逻辑上讲,专门档案是由若干不同专业属性档案形成的集合概念。[4][5][6]

1.1.3 档案的作用

档案记录了人类社会实践活动的方方面面，对于党、国家、社会、团体、公众具有独特且重要的备考、凭证、参考及记录作用。在当前社会及技术转型的背景下，档案在党政、司法、文化、教育、医疗、科研等领域发挥越来越重要的作用。

1.1.3.1 行政作用

档案是各级党政机关、企事业单位及相关社会团体开展管理活动、行使管理服务等职能的重要历史记录。其在党政机构察古知今、制定并保持政策、制度、工作方法科学性、高效性上具有重要的备查、参考、凭证等资政作用。档案包含了党政机关、企事业单位及社会团体履职的法律依据、参考案例、事实记录及工作经验。作为上述机构制定政策、处理职能范畴业务或事务等系列问题的凭证，档案保证了其决策、管理、服务的科学性、高效性及连续性。以政府为例，政府日常工作大至国家方针政策制定，小至具体行政事务办理，均要有理有据，所谓"据"，即政策制定要符合政策事实，这在很大程度上需要依靠档案。机关领导和工作人员在熟悉情况、总结经验、制订计划、研究案例、处理问题时，也需要从档案中查考记录，获取依据、参考、凭证信息，保证工作顺利开展。

1.1.3.2 业务作用

档案作为历史原始记录，从宏观角度看，内容纵贯多个时代，横跨自然、社会各个领域。从微观角度看，档案记录了人类改造客观和主观世界的过程，涉及生产经营、金融贸易、工程设计、教育卫生、文学艺术、军事外交等多个实践领域。档案在业务领域中发挥重要的备考、凭证作用，为业务活动的开展提供了凭据和保障。① 首先，各项业务开展，需要以档案的查阅作为工作开展的依据；其次，在业务活动中，各种专门档案中还包含大量的数据记录（如统计数据、会计报表等）、图形记录及图像记录（如设计图纸、勘测图、观测图等），这些记录是业务活动持续开展的基础。例如，会计档案是编制国家、地方和单位预算的重要依据，是各项经济查证的可靠书面证明；诉讼档案是各类案件审结、复审的可靠凭证；商标档案是确定商标专用权、开展商标评审工作、监督产品质量、查处商标侵权行为及商标咨询工作的基本依据。

---

① 孙华：《档案在政务管理中的地位和作用》，载《机构与行政》2014 年第 1 期，第 36～38 页。

1.1.3.3　文化作用

档案作为人类历史实践活动中形成的原始记录，自身承载着丰富的历史文化知识，是社会历史文明发展演进的缩影，对于社会文化、历史文明的积累、传播、发展具有积极作用。档案是促进人类文化传承、文明延续与进步的重要媒介，是国家民族文化的结晶，是国家民族历史文化遗产中不可缺少且具有较高价值的部分。当前弘扬民族文化、提升民族自信需要优质且丰富的文化载体作为支撑，档案凭借其原始记录性、丰富的文化性、悠久的传承性，在文化继承与传播中具有重要地位。档案的文化作用可以通过原始档案刊印、编研成果出版、举办档案展览等方式显现出来。档案在延续文明、传承文化、跨文化交流等方面发挥着不可替代的作用。

1.1.3.4　法律作用

档案的法律作用是指档案在解决司法争端、处理案件等事务中所发挥的凭证作用。由于档案是业务或事务活动中形成的原始记录，真实性、可靠性强，在司法案件处理中，经过规范的采信流程，档案可以成为证据，发挥凭证作用。在政治、军事、外交、领土等司法争端中，档案的法律作用日益凸显，如在南京大屠杀等侵略事实前，日本政府一直极力持否认态度，但是反映南京大屠杀事件等系列日文档案展出，真实记录了日军的侵华屠杀罪行，还原了历史原貌，铁证如山，不容置疑。此外，档案在维护国家、集体、个人权益等时也发挥着凭证作用，如在解决房地产纠纷，证明个人学历、工作经历等方面，档案都在积极发挥着法律凭证作用。

1.1.3.5　教育宣传作用

在社会教育的诸多素材中，档案凭其真实性、完整性、客观性和原始记录性等特点，成为教育宣传的重要依据。如在我国，国家档案馆既是国家档案资源保存、管理及开发利用的主要场所，也是面向大中小学生的主要爱国主义教育基地。丰富多元的馆藏档案成为开展爱国主义、历史文化、民族记忆等主题教育的主要教育宣传资源，为面向广大学生及公众开展爱国主义、革命传统和国情、省情、市情、区情、县情教育及科技文化知识教育，发挥档案馆（室）及科研院所社会教育宣传等公共服务职能，提供了不竭的资源支撑。[7][8]

1.2 档案管理

档案管理是指档案部门（如档案馆或档案室）直接管理开发档案实体和信息并开展利用服务的工作过程。随着记录技术环境的改变，档案管理的对象与重心也在不断变革，管理对象从传统的纸质档案向电子档案、档案数据转变，管理重心从维护纸质等实物档案的实体有序转向电子档案的内容与背景信息的管理，以及档案数据业务规则或模型的表达与维护。本节将从基本内容、基本原则、基本理论、组织体系、基本举措、制度、基础设施与设备等维度重点探讨以纸质档案为代表的实体档案的管理。

1.2.1 档案管理的基本内容

档案管理的基本内容包括档案收集、整理、鉴定、保管、统计、检索、编纂和利用。其中，档案的收集、整理、鉴定、保管和统计是档案管理的基础，主要是针对档案开展实体组织、序化、排列和统计，构建数量充足、种类齐全、载体多样的档案馆藏体系，为档案利用服务工作的开展奠定基础。档案编纂是对已构建的档案信息资源进行深度组织与加工，并以便捷多元的档案检索途径面向社会需求提供利用服务。[①]

收集所得档案数量庞大、成分复杂，如果不序化将无法开展科学管理及利用服务。因此，为方便日常管理和实际利用，必须对收集的档案按照规则进行分类整理，使之成为有序的档案资源实体。本书重点关注档案整理环节，以各类档案的整理方法及技巧为论述重点。档案整理工作的重点就是建立档案的管理秩序，使档案有序化、条理化。档案管理的基本方法、技术及理论原则主要体现在档案整理业务环节内。因此，开展档案整理工作前需要全面了解档案管理的基本内容、基本原则、基本理论、组织体系及基本举措。

1.2.2 档案管理的基本原则

《档案法》（2020）明确规定了我国档案管理的基本原则，即"档案工作实行统一领导、分级管理的原则，维护档案完整与安全，便于社会各方面的利

---

① 肖秋惠：《档案管理概论》，武汉大学出版社2009年版。

用"[9]。该原则是对新中国成立以来我国档案工作基本经验的总结，也是对我国档案管理基本原则的完善。该原则明确了档案工作的组织原则和管理体制，即统一领导、分级管理；提出了档案管理的基本要求，即维护档案完整与安全；体现了档案工作的根本目的，即便于社会各方面的利用。

"统一领导、分级管理"是我国档案管理的组织原则。其中：①国家全部档案由各级各类档案保管机构集中保存。《档案法》规定对国家、集体及私人所有的档案，采取不同的管理办法。国家机关、企事业单位形成的档案必须定期向本单位档案部门或者档案工作人员移交，集中统一管理，任何人不得据为己有。国家机关或专业系统的档案需要长久保存的，应按照规定向各级综合或专业性档案馆移交。集体和个人所有的对国家和社会具有保存价值或者涉密的档案，档案所有者应妥善保管或向国家档案馆寄存或转让。②全国档案工作由各级国家档案行政管理机关统一、分级、分专业管理。统一管理是指国家档案主管部门对全国档案工作实行全面规划和统筹安排，制定档案法规和标准，提出统一的档案事业发展政策，开展档案业务指导和监督。分级管理是指县级以上各级档案主管部门管理所辖区域内的档案工作，按照国家规定并结合区域的实际情况制定区域档案工作规划和制度，并对区域内的机关、团体、企事业单位和其他组织的档案工作实行指导和监督。分专业管理是指中央各专业主管机关在国家档案主管部门指导下，针对专业系统的特点，制定档案工作制度及规范，监督与指导专业系统内的档案工作。③对党政档案和党政档案工作施行统一管理。新中国成立之初，我国档案工作基本上处于各自为政、分散管理的状态，全国的档案工作没有形成统一的管理体制，我国党和政府的档案工作是分别管理的。1959 年，中共中央发布了《关于统一管理党政档案工作的通知》，决定把党和政府的档案工作统一起来，① 至此，我国党政档案工作集中统一管理的体制基本形成。[10]当前虽然我国档案管理体制由"局馆合一"转为"局馆分离"，但党政档案和党政档案工作统一管理这一原则未发生变化。

"维护档案完整与安全"是档案管理工作的基本要求。只有保证档案完整与安全，才能维护历史的真实原貌，为档案管理工作开展提供必要的物质基础。其中：①"档案完整"包括两层含义，即档案收集齐全和档案整理系统。档案收集齐全要求凡是有价值的档案都应收集，实现个体单位、系统、地区和国家具有保存价值的档案的完整。档案整理系统是指遵循档案的形成规律，维护档案间的有机联系，将其组成一个有机的整体，反映单位、地区乃至整个国家社会活动的完整过程和基本历史面貌。②维护档案安全包括维护档案实体和内容的安全。档

---

① 罗军：《我国档案管理体制改革研究》，载《档案学通讯》2009 年第 5 期，第 46～49 页。

案作为珍贵的历史记录，往往只存有孤本，越是年代久远的档案，其历史价值就越大，但因社会、自然、战争等因素，档案难免会遭到毁损，应尽可能延长档案的"寿命"，保证档案实体的物理安全，避免档案信息的泄露或人为破坏，保证档案信息内容的安全。

"便于社会各方面的利用"是档案管理工作的根本目的，也是检验档案工作效果的重要标准。"便于社会各方面的利用"原则应始终贯穿于档案工作各业务环节，既应为制定档案制度规范和组织档案业务开展的出发点，也应为检查和评价档案管理质量的主要标准。[11][12]

我国档案管理上述基本原则之间是相互联系统一的。"统一领导、分级管理"是核心，无该原则保障，维护档案完整和安全，便于社会各方面的利用就难以实现；"维护档案完整和安全"是手段，没有档案的完整与安全，就谈不上档案的开发与利用；"便于社会各方面的利用"是目的，无此目的为引导，维护档案完整与安全便失去了意义。①

1.2.3　档案管理的基本理论

档案管理的基本理论主要有来源原则、文件生命周期、档案价值鉴定等理论。来源原则产生于档案整理工作实践并发展为指导整个档案管理的基本理论。文件生命周期理论揭示了文件运动的客观规律，对于文档一体化管理具有重要的指导意义。档案价值鉴定理论的演变反映了人们对于档案价值形态和构成的认知过程，为提升档案部门"存管用"等各项业务活动中档案资源的质量提供了理论支撑。[13]

1.2.3.1　来源原则

来源原则的基本含义可概括为：尊重来源，尊重全宗的完整性，尊重全宗内的原始整理顺序。[14][15]

（1）"尊重来源"是来源原则的第一层内涵，档案馆（室）首先应按照来源标准整理档案，保持档案与形成者之间的来源关系。馆藏来源众多的档案馆（室）只有理清了"来源"，才能将档案与形成者及其业务活动关联起来，确保原始记录作为档案的本质属性。在档案整理中尊重来源、保持来源的关联是保障档案本质属性的必然要求。

（2）"尊重全宗的完整性"是来源原则的第二层内涵。全宗是一个独立机

---

① 傅荣校：《"三个体系"之间关系的实践与理论的双重解读》，载《档案学研究》2010年第4期，第4～8页。

构、组织或个人在社会活动中形成的有机整体。整理档案必须维护全宗的完整性，做到同一全宗内档案不可分散，不同全宗的档案不得混淆。

（3）"尊重全宗内的原始整理顺序"是来源原则的第三层内涵。全宗内的档案整理必须充分利用原有的整理基础，尊重全宗在形成机关获得的原始整理顺序和方法，不得乱整或轻易重整。

来源原则的三个基本含义是紧密联系、层层递进的。尊重来源是基础，尊重全宗的完整性和尊重全宗内的原始整理顺序是尊重来源的重要体现和延伸。[16][17]

1.2.3.2 文件生命周期理论

文件生命周期理论是文档管理的核心理论。文件生命周期理论的核心要点可从以下三个方面来理解：

（1）文件从其形成到销毁或永久保存是一个完整的生命运动过程。文件从产生、流转，到办理完毕后归档保存或销毁，最终移交档案馆永久保存的过程是前后衔接、连续统一的周期性运动过程。

（2）由于文件价值形态的变化，国内外档案界一般将文件运动的生命周期划分为现行阶段、半现行阶段和非现行阶段三个阶段。

（3）文件在每一个阶段因其具有不同的价值形态，表现为不同的服务对象、保存场所和管理方式。

在历经现行阶段、半现行阶段、非现行阶段的运动中，文件对本机构的原始价值（如行政、财务、法律等价值）和对本机构外的其他利用者的价值（证据价值和情报价值）发生了变化。现行阶段的文件处于机构文件的流转中，具有现行效用，待文件办毕后，则需要根据其价值大小决定是否归档保存或销毁，该阶段文件主要发挥对其形成机构的现行效用。归档保存的文件进入半现行阶段，该阶段文件对本机构具有一定参考作用，保存在机构档案室或文件中心，主要为本机构服务，具有过渡性，该阶段部分文件仍具有较高的现行效用，随着时间的推移，现行效用逐渐衰减，部分文件的档案价值逐渐显现。文件在档案室或文件中心经鉴定后，具有永久保存价值的移交档案馆，此时文件进入文件生命周期的非现行阶段，该阶段文件的原始价值失去而档案价值突出。随着文件现行效用的削减和档案价值的增加，文件的保管场所也发生相应变化，即从机构内部到文件中心（或档案室），最终移交到档案馆。文件的服务对象也逐渐由内向外，同时服务方式经历了从封闭到开放的过程。[18][19]（表1.1）

表 1.1 文件生命周期理论

生命周期	现行阶段	半现行阶段	非现行阶段
保存场所	机构业务部门	机构档案室或文件中心	档案馆
价值特征	原始价值（行政、财务、法律等价值）	现行效用逐渐衰减，部分文件的档案价值逐渐显现	原始价值失去而档案价值突出
保管期限	未办理完毕	短期	长期或永久
服务对象	文件形成部门	主要为文件形成部门	整个社会

文件生命周期理论从理论上科学地阐释了文件到档案的价值变化。针对电子文件管理，文件生命周期理论仍具有指导意义，原因如下：①由于文件生命周期理论是对文件运动规律的客观描述，电子文件虽然在载体、形成以及运转环境上具有特殊性，但仍然经历了从产生到销毁或永久保存的完整生命周期，保留了文档转换过程的基本属性。②电子文件的运动仍然具有阶段性，只不过各阶段界限模糊，运动特点发生了变化。③虽然电子文件的价值与服务对象、保管场所等方面的对应关系弱化了，但该关系并未绝对消失。后期的文件连续体理论完善和发展了文件生命周期理论，使其更适用于指导电子文件管理。[20]

1.2.3.3 档案价值鉴定理论

档案鉴定主要是对档案的价值进行鉴定，是档案管理的重要环节，决定了档案的保管期限和存毁。从 19 世纪末至今，国内外较有影响的档案鉴定理论主要包括年龄鉴定论、职能鉴定论、双重价值鉴定论、行政官员鉴定论、利用决定论、宏观鉴定论等。档案价值鉴定理论通常包括认识档案价值、设定鉴定原则和制定鉴定标准。[21]

（1）认识档案价值。档案价值一般由两个基本因素构成：其一是档案自身的特点，包括内容、来源、形式等特点；其二是社会对档案的客观利用需求，即档案满足利用者需求的程度。

（2）设定鉴定原则。档案鉴定原则是根据档案价值的扩展率提炼的工作原则，对实际鉴定工作开展具有普遍的指导意义。从社会的总体需求出发，利用全面、历史、发展的观点开展档案价值鉴定工作，是我国档案价值鉴定应遵循的基本原则。

（3）制定鉴定标准。档案鉴定标准是保障鉴定工作质量的具体规范，也是鉴定原则的实施细则。较之鉴定原则，档案鉴定标准的实操性更强。依据鉴定理论制定的鉴定标准主要包括档案的来源、内容、形式、特征、相对价值及效益等标准。[22][23]

1.2.4 档案管理的组织体系

依据"统一领导、分级管理"的原则,各单位形成的档案,由单位档案室(处、科)集中管理;各单位形成的需要长期保存的档案,应移交至各级各类档案馆统一保管;全国档案工作,由各级档案主管部门统一、分层、监督、指导。上述档案主管部门、档案馆(室)等构成了我国档案管理组织体系。[24]

1.2.4.1 档案室

档案室是机关、团体、学校、工厂、企事业单位等机构统一保存和管理本单位档案的内部机构,属于单位管理、研究、咨询性专业机构。档案室是国家档案工作组织体系中处于基层且大量存在的基础机构,其性质表现为:①档案室是机关的内部组织机构;②档案室是档案存、管、利用的过渡性机构;③档案室的主要任务是服务于本单位的内部机构。日常工作中,档案室的作用表现为:①档案室是机关内具有参谋和咨询作用的部门,为机关职能活动提供档案信息支持;②档案室是全国档案工作开展的基础性机构,是保障国家档案资源不断补充和积累的基地。从类型上看,档案室可以分为普通档案室、科技档案室、音像档案室、人事档案室、综合档案室、联合档案室、企业档案信息中心。

档案室的基本任务是集中统一地管理本单位各部门形成的各类档案,为本机构各项工作提供参考、咨询、决策等服务,并为党和国家积累档案。《机关档案工作条例》《机关档案工作业务建设规范》明确了我国档案室的基本职能,具体包括:①指导和监督本机关文书部门或业务部门文件材料的归档工作;②负责管理本单位具有价值的全部档案和相关材料,并提供利用;③定期向对应的档案馆移交具有长期保存价值的档案。需要说明的是,我国一些党政机关或企业的部门档案馆实质上属于机关档案室性质,需要按照《档案法》的规定,定期向综合档案馆移交档案。[25]

1.2.4.2 文件中心和档案寄存中心

文件中心是介于文件形成单位和档案馆之间的过渡性档案管理机构,是一种社会化、集约化和专业化的档案管理机构。① 文件中心最早产生于第二次世界大战(以下简称"二战")时期的美国。其产生主要是为了解决因文件数量激增与文件形成单位难以承担保管任务之间的矛盾。"二战"后,许多国家纷纷效仿美

---

① 张端、刘璐璐、杨阳:《新编档案管理实务》,电子科技大学出版社2017年版,第9页。

国的做法，设立了文件中心或类似的档案管理机构，如中间档案馆（德国）和过渡性档案馆（英国）等。[26] 在我国，文件中心可分为政府文件中心和商业性文件中心。政府文件中心是由县级以上人民政府建立的，为政府机关及其直属机构、社会团体提供服务的非营利性文件与档案管理机构。商业性文件中心是由机构或个人创办的营利性档案管理机构，主要面向企业或个人从事文档的寄存、数字化、咨询、培训、整理等服务。商业性文件中心不归属国家档案管理系统，但其业务开展必须接受档案主管部门的监督指导并贯彻执行档案法规、标准。

档案寄存中心是由国家综合档案馆或其他独立法人设立的，为各类社会组织团体及个人提供档案有偿寄存服务的机构。它主要为不属档案馆接收范围的或不具备档案安全保管条件的各类企业、破产单位、社会团体、个人等提供文档寄存服务。档案在寄存中心保管期间，所有权形式不变，档案寄存中心一般只提供安全保管服务。深圳市档案馆在我国设立了首家档案寄存中心，在性质上，深圳市档案寄存中心主要是为深圳市各类企业、社会团体及个人提供档案寄存有偿服务的机构。[27]

1.2.4.3 档案馆

档案馆是接收、征集、管理档案并开展档案信息组织及利用的机构。根据《档案法》和《档案法实施办法》，在我国，档案馆是党和国家的科学文化事业机构，是永久保管档案的基地，是教育、科研等各项工作利用档案的中心。按照性质划分，我国档案馆主要分为国家档案馆、专业档案馆和企事业档案馆三大类。

（1）国家档案馆。各级国家档案馆是归口中央或地方各级档案主管部门直接管理的科学文化事业机构，包括综合档案馆和历史档案馆。综合档案馆主要是按行政区划设置的收集和管理所辖行政区域内各类档案的档案馆。综合档案馆一般隶属于各级党委和政府，收集和管理党委和政府日常党务、行政事务中形成的档案，是我国国家档案馆和档案事业的主体。历史档案馆是我国主要保存新中国成立前形成的历史档案的机构，主要有中国第一历史档案馆和中国第二历史档案馆。中国第一历史档案馆是主要保存明清两代中央国家机关档案及皇室档案的国家级档案馆，收藏有明清两代中央机关和少数地方机关档案。中国第二历史档案馆主要保存中华民国时期（1912—1949 年）各个中央政权机关及其直属机构档案。

（2）专业档案馆。专业档案馆是指国家专门为管理某一特殊专业和技术活动中形成的档案而设置的档案馆。专业档案馆对专业活动中形成的具有较强专业技术性的档案集中统一管理，发挥专业职能，保管具有特殊内容与载体形式的档案。从专业档案馆的类型来看，其主要包括：①特殊载体档案馆，如中国照片档案馆、中国电影资料馆等；②城市建设档案馆；③部门档案馆，如外交部档案馆、铁道部档案馆、交通部档案馆等。①

（3）企事业档案馆。企事业档案馆主要是指由国家统一标准确定的大中型企业或中国科学院、中国社会科学院、教育部直属院校，经企业领导或主管部门批准，向同级档案主管部门备案成立的档案馆，主要负责收集管理本企业、本单位及其所属机构形成的档案。[28]当国有企业发生破产转制、事业单位发生撤销等情况时，其档案可按照有关规定由本级综合档案馆接收。[29]

1.2.5 档案管理的基本举措

（1）加强领导。成立综合档案领导小组，明确专职领导分管档案工作，加强组织领导，确定各职能或承办部门、各项目档案工作的负责人，确定档案部门的负责人。应根据档案部门所承担的职责、保管档案的数量、档案的开发利用、档案的信息化建设等因素，合理配备档案工作人员，同时加强档案人员的业务培训。

（2）建立健全制度。依据制度的作用范围，档案管理制度分为国家层面档案管理制度、本行业系统内的档案管理制度、本地区的档案管理制度、本单位的档案管理制度等，各档案管理机构与部门应该制定或完善符合上级档案业务部门要求和本单位实际的规章制度，实现档案综合管理的规范化、制度化。

（3）落实责任。把档案工作列入本单位议事日程、职责范围和岗位责任，做到常抓常议、分工明确、责任到人，确保档案综合管理各项工作落实。例如，企业应配备与企业研发、生产、经营和管理相适应的专职档案人员，各部门、各项目应配备专职或兼职档案人员，并保持档案人员相对稳定。

1.2.6 档案管理制度

档案管理制度是指依据党和国家档案管理各项方针政策制定的用来明确档案管理各环节原则、方法的规范。档案管理制度的建立健全有利于观测国家及行业部门的档案法规规范，有利于落实档案工作制度与实施细则，有利于档案管理工作规范有序开展。

依据制度的作用范围，档案管理制度可分为国家层面的档案管理制度、本行业系统内的档案管理制度、本地区的档案管理制度、本单位的档案管理制度。

（1）国家层面的档案管理制度。如《机关档案工作条例》是根据中共中央、

---

① 冯惠玲、张辑哲：《档案学概论（第2版）》，中国人民大学出版社2008年版，第85页。

国务院有关档案工作的决定和指示制定的，加强各级党、政、军机关和人民团体档案工作的国家层面档案管理制度。《机关档案工作条例》设定了机关档案管理原则，各机关及其直属部门应结合本机构实际参照制定具体的实施办法。

（2）本行业系统内的档案管理制度。如《中国人民银行文书档案管理办法》是中国人民银行依据《档案法》《机关档案工作条例》等制定的以加强银行系统内部档案管理为目的的相关制度。

（3）本地区的档案管理制度。如《广州市机关档案综合管理分类方案》是广州市档案主管部门根据国家、省、市的档案管理规范，结合广州市档案工作实际情况制定的机关档案综合管理分类方案，此方案适用于广州市各个机关、团体、街道、管理型的企业和事业单位。

（4）本单位的档案管理制度。如《中国石化档案管理办法》是中国石油化工集团依据《档案法》和国家有关规定制定的档案管理制度，目的在于进一步推进中国石化档案工作创新，提升企业的国际竞争力及服务质量。

此外，依据档案工作开展的各个环节及具体的内容，档案管理制度可分为归档制度、档案收集制度、档案保管制度、档案鉴定制度、档案保密制度、档案库房管理制度、档案利用制度、档案应急管理制度及档案工作人员岗位责任制度等。各制度应该包含以下具体内容：①归档制度，应明确文件归档范围、保管期限、归档时间、归档程序、归档质量要求及归档控制措施。②档案收集制度，应明确档案收集方式、收集范围、收集时间、收集材料的要求等内容。③档案保管制度，应明确各门类档案保管条件、特殊载体档案的保管方式、档案清点检查办法、对受损档案的处置办法等内容。④档案鉴定制度，应明确鉴定、销毁工作的组织、职责、原则、方法和时间等要求。⑤档案保密制度，应明确档案形成者、档案管理者、档案利用者应承担的保密责任。⑥档案库房管理制度，应对档案库房基础设施，如档案架、空调、去湿机及档案环境、温湿度等依据"八防"要求等进行明确规定。⑦档案利用制度，应明确档案提供利用的方式、方法，规定查（借）阅档案的权限和审批手续，提出接待查（借）阅档案的要求。⑧档案应急管理制度，应对档案管理部门应急管理相关内容进行规定，提高档案管理部门对突发事件的应急指挥和处置能力，以满足突发情况下档案馆应急抢救与恢复工作的需要，确保档案业务工作的正常开展。⑨档案工作人员岗位责任制度，应对分管档案工作的领导职责、档案工作人员的职责进行明确规定。[30]

各项档案管理制度的建设都要以党和国家的各项方针政策、档案法律法规和本系统、本地区档案工作的规章制度为依据，不能与之相抵触，同时要结合本系统、本地区、本单位的实际制定档案管理制度，使之切实可行。

1.2.7 档案管理的基础设施与设备

档案管理需要配置相应的设施支持档案工作开展。档案管理基础设施包括独立的适宜安全保存档案的专门库房、库房内配备的必要设备、档案人员办公场所应配备的设备、档案提供利用场所应配备的设备、档案整理工作必要的设备等。档案管理基础设施与设备必须依据国家相关制度标准进行选择。[31]

（1）档案库房。档案库房建筑如单位面积载荷、温湿度等应符合《档案馆建设标准》（建标 103—2008）、《档案馆建筑设计规范》（JGJ 25—2010）等标准的要求。

（2）业务技术用房。主要包括档案接收、整理、修裱、消毒、复印、数字化、缩微复制以及安全监控等技术用房，档案管理部门可根据工作需要科学设置，以满足接收、整理、修复档案的实际需要。

（3）阅览及陈列室。阅览室应具备方便、环境安静、适于观览等条件，陈列室宜设置在适于观览的场所。

（4）档案装具。包括档案柜、档案密集架、各类档案盒等，应按国家相关标准进行建设。如档案柜、档案盒的制造与选用应符合《档案装具》（DA/T 6—1992）的要求；档案密集架应符合《直列式档案密集架》（DA/T 7—1992）的要求；随着档案密集架智能管理技术的发展，档案密集架智能管理系统应该符合《档案密集架智能管理系统技术要求》（DA/T 65—2017）的要求。

（5）保护设备。包括温湿度监控设备、灭火器材、防光窗帘、防盗门窗等，除尘器、消毒柜、去湿机、加湿机、空气净化器等设备，以及自动报警、自动灭火、温湿度自动调控、监控等设备。档案管理部门应根据需求对保护设备进行建设。

（6）技术设备。包括档案整理工作所需要的装订机、打印机，档案修复、利用所需要的数码照相机、摄像机、复印机、阅读机，信息化管理所需要的计算机、服务器、扫描仪、光盘刻录机等设备，以及容灾备份设备、应急电源、CAD绘图仪、工程图纸复印机、缩微机等设备。[32][33][34]

参考文献

［1］周晓林. 档案管理基础与实务［M］. 徐州：中国矿业大学出版社，2002.

［2］浙江省档案局. 档案事业概论［M］. 北京：中国商业出版社，2020.

［3］钱毅. 数据态环境中数字档案对象保存问题与策略分析［J］. 档案学

通讯，2019（4）：40-47.

[4] 冯惠玲，张辑哲. 档案学概论［M］. 2版. 北京：中国人民大学出版社，2008：15.

[5] 丁海斌，方鸣，陈永生. 档案学概论［M］. 沈阳：辽宁大学出版社，2012.

[6] 浙江省档案局. 档案事业概论［M］. 北京：中国商业出版社，2020.

[7] 冯惠玲，张辑哲. 档案学概论［M］. 2版. 北京：中国人民大学出版社，2008：53.

[8] 朱玉媛. 档案学基础［M］. 武汉：武汉大学出版社，2008.

[9] 中华人民共和国国家档案局. 中华人民共和国档案法［EB/OL］.（2020-06-20）［2020-12-30］. https://www.saac.gov.cn/daj/falv/202006/79ca4f151fde470c996bec0d50601505.shtml.

[10] 肖辉娟. 关于我国档案管理体制改革的研究［D］. 上海：华东师范大学，2010.

[11] 冯惠玲，张辑哲. 档案学概论［M］. 2版. 北京：中国人民大学出版社，2008：76.

[12] 肖秋惠. 档案管理概论［M］. 武汉：武汉大学出版社，2009：8.

[13] 肖秋惠. 档案管理概论［M］. 武汉：武汉大学出版社，2009.

[14] 冯惠玲，张辑哲. 档案学概论［M］. 2版. 北京：中国人民大学出版社，2008：76.

[15] 肖秋惠. 档案管理概论［M］. 武汉：武汉大学出版社，2009.

[16] 黄世喆，归吉官. 论我国档案整理工作的基本原则——档案工作系列论文之三［J］. 档案管理，2014（4）：4-6.

[17] 李玲. 具有生命力的来源原则［J］. 兰台世界，2005（6）：92.

[18] 张端，刘璐璐，杨阳. 新编档案管理实务［M］. 成都：电子科技大学出版社，2017：18.

[19] 肖秋惠. 档案管理概论［M］. 武汉：武汉大学出版社，2009.

[20] 冯惠玲，张辑哲. 档案学概论［M］. 2版. 北京：中国人民大学出版社，2008：269.

[21] 冯惠玲，张辑哲. 档案学概论［M］. 2版. 北京：中国人民大学出版社，2008：272.

[22] 张端，刘璐璐，杨阳. 新编档案管理实务［M］. 成都：电子科技大学出版社，2017：22.

[23] 肖秋惠. 档案管理概论［M］. 武汉：武汉大学出版社，2009.

[24] 肖秋惠. 档案管理概论［M］. 武汉：武汉大学出版社，2009.

［25］冯惠玲，张辑哲. 档案学概论［M］. 2 版. 北京：中国人民大学出版社，2008：84.

［26］韩玉梅，黄坤坊. 外国的中间档案馆［J］. 档案学通讯，1979（5）：55–58.

［27］舒国雄. 为了档案的安全——深圳市成立档案寄存中心［J］. 中国档案，1999（1）：9–11.

［28］中华人民共和国国务院. 全国档案馆设置原则和布局方案［EB/OL］.（1992–03–27）［2020–12–16］. https://www.saac.gov.cn/daj/gwywj/201112/30d811ace5634af2877e3d4651ded14b.shtml.

［29］中华人民共和国国家档案局. 各级各类档案馆收集档案范围的规定［EB/OL］.（2011–11–21）［2020–12–26］. https://www.saac.gov.cn/daj/bmgz/dazc_list.shtml.

［30］杨红. 档案管理理论与实务［M］. 上海：上海教育出版社，2016：90.

［31］杨红. 档案管理理论与实务［M］. 上海：上海教育出版社，2016：90.

［32］中华人民共和国国家档案局. 档案馆建设标准：建标 103—2008.［2021–01–16］. https://www.saac.gov.cn/daj/hybz/dabz_list_5.shtml.

［33］中华人民共和国国家档案局. 档案馆建筑设计规范：JGJ 25—2010［2021–01–16］. https://www.saac.gov.cn/daj/hybz/dabz_list_5.shtml.

［34］中华人民共和国国家档案局. 企业档案工作规范：DA/T 42–2009［S/OL］.［2021–1–16］. https://www.saac.gov.cn/daj/hybz/dabz_list_3.shtml.

第 2 章　文书档案整理

知识目标

（1）掌握文书档案的内涵。
（2）明确文书档案整理的步骤及要求。

能力目标

（1）掌握文书档案整理的步骤与方法。
（2）根据文书档案管理要求，规范管理文书档案。

案例导入

某机构档案室在文书档案整理中，因工作人员对整理流程和方法不熟悉，出现了以下问题：

（1）组件时，未遵循正文与附件为一件、文件正本与定稿为一件、转发文与被转发文为一件等组件原则，将正文与附件等拆分，造成文件分散。

（2）编页过程中，部分文件只编写文件正面，背面未编写页码；或部分文件只编写奇数页或偶数页，造成一份文件重号、漏号、跳号和错号等问题频发。

（3）装订时，未将文件上的订书针、回形针取下，直接装订，更有为图方便用夹子固定文稿直接归档现象存在。

（4）分类时，因归档文件存在成文日期、批准日期、收发文件日期等多个日期，如部分文件 2021 年初发文，而文件落款日期却为 2020 年底，对此未进行明确区分，直接将该类文件归入 2021 年度。

（5）填写备考表时，认为备考表只是一种形式，填不填写都无关紧要。

案例解析

（1）组件过程中，应明确"件"的组成部分，严格遵循正文与附件为一件、文件正本与定稿为一件、转发文与被转发文为一件的组件原则，科学组件。

（2）编页可以固定每份文件内页的排列顺序，从总页数也能看出一份文件所包含内容的多少，所以在编写页码时，应统一在有文字或图表的每页文件材料正面的右上角、背面的左上角从"1"开始标号,一件文件用一个流水页,做到"连续、不重、不漏"装订。

(3) 装订时,应将订书针、大头针、回形针等不利于保护档案的装订材料去除,选择合适的装订方式重新对文件进行装订。

(4) 在对跨年度的档案进行分类时,如一份文件有多个时间特征,一般应以正文落款日期为准。跨年度的计划、总结、统计报表等均以签发日期为准,例如,2021 年形成的《2014 年工作总结》归入 2021 年,对于部分时间过长的科研项目,以项目结束日期或颁发证书日期为准。

(5) 备考表是机关档案室对归档文件进行动态管理的有效措施,备考表项目应包括盒内文件情况说明、整理人、整理日期、检查人、检查日期等内容,填写备考表时应该使用耐久性书写材料认真填写。

2.1 文书档案概述

2.1.1 文书档案

参照《档案工作基本术语》,本书将文书档案界定为"反映党务、行政管理等活动的档案"[1]。具体而言,文书档案是指由机关、团体、企事业单位在党务、行政管理活动中直接形成的,由决议、决定、命令、公告、请示、批复、报告、通知、函、纪要等通用文书归档后形成的档案。文书档案是主要形成于机关、企事业单位及社会团体的行政管理事务,且由内容、形式具有共性特征的通用文书转化而来的常见档案类型。[1]

2.1.2 文件、文书与文书档案

文件是组织或个人为处理事务或业务,记录、传递、封装内容、数据的"容器形式",是记录、固定、传递和存贮内容、数据的工具。[2] 文件的外延既包括文书,又包括视频、数据库、电子类等非文书信息记录。从概念外延上看,文件包含文书。

---

[1] 中华人民共和国国家档案局:《档案工作基本术语》,详见 https://www.saac.gov.cn/daj/hybz/dabz_list_5.shtml。

[2] 广州市档案局:《档案整理技巧与图解》,中国档案出版社 2008 年版。

日常工作生活中，处理与沟通组织之间、个人之间、组织与个人之间的各项事务与业务关系所形成的规范格式的文字材料称之为文书。文书具有实用性，从使用范围和性质来看，文书可分为私人文书和公务文书。其中，私人文书是在处理私人关系或事务时形成的具有规范格式的文字材料，如侨批、家谱等；而公务文书即公文，是党政机关、企事业单位、社团组织在公务活动中处理业务或事务关系形成的格式规范且具有法定效用的文字材料，依据《党政机关公文处理工作条例》，我国目前法定公文种类包括决议、决定、命令、公报、公告、通告、意见、通知、通报、报告、请示、批复、议案、函、纪要等15类。①

文书转化为文书档案应满足"办理完毕""具有保存价值"及"经过系统整理"等条件。其中"办理完毕"是指文件处理流程完成，如公文收文处理流程中承办环节完成后可视为办理完毕。"具有保存价值"是文书转为文书档案的内容条件。部分临时、重复性及与本机构职能不相关的不具保存价值的文书则不得归档保存为文书档案。"系统整理"是指按照一定整理原则与方法，如以卷或以件为归档单位，实施归档文书序化的行为，系统整理是文书转化为文书档案的"行为要件"。文书档案由归档文件转化而来。[2]

2.2 文书档案归档

2.2.1 归档

归档是指文书或业务部门按规范将办理完毕且具有保存价值的文件，经系统整理移交至档案室或档案馆。② 归档是文书工作的最后一个环节，也是文书档案管理工作的起点。

2.2.2 归档制度

归档制度是文件转化为档案的相关规范。完备的归档制度一般应包括归档范围、归档时间和归档要求。各机构应依据我国文件材料归档范围，结合本单位业务内容、业务流程及利用实际建立符合本机构的归档制度，指导单位归档工作。

---

① 中共中央办公厅、国务院办公厅：《党政机关公文处理工作条例》，详见 http://www.gov.cn/gongbao/content/2013/content_2344541.htm。

② 广州市档案局：《档案整理技巧与图解》，中国档案出版社2008年版。

2.2.2.1 归档范围

归档范围指办理完毕应当归档的文件范畴。只有明确了本机构归档文件范围，才能保证有价值的办结文件有效转化为档案，推动机构归档工作顺利开展。目前针对政府机关、企业部门，我国相继出台了《机关文件材料归档范围和文书档案保管期限规定》《企业文件材料归档范围和档案保管期限规定》等相关文件，用以明确机关、企业办理完毕文件材料的归档范围。[3]

1. 机关文件材料归档范围

国家档案局发布的《机关文件材料归档范围和文书档案保管期限规定》指出："凡属机关归档范围的文件材料，必须按有关规定向本机关负责档案工作的部门移交，实行集中统一管理，任何个人不得据为己有或拒绝归档。"①

机关文件材料归档范围如下：[4]

（1）反映本机关主要职能活动和基本历史面貌的，对本机关工作、国家建设和历史研究具有利用价值的文件材料。

（2）机关工作活动中形成的，在维护国家、集体和公民权益等方面具有凭证价值的文件材料。

（3）本机关需要贯彻执行的上级机关、同级机关的文件材料，下级机关报送的重要文件材料。

（4）其他对本机关工作具有查考价值的文件材料。

机关文件材料不归档范围如下：

（1）上级机关的文件材料中，普发性不需本机关办理的文件材料，任免、奖惩非本机关工作人员的文件材料，供工作参考的抄件等。

（2）本机关文件材料中的重份文件，无查考利用价值的事务性、临时性文件，一般性文件的历次修改稿、各次校对稿，无特殊保存价值的信封，不需办理的一般性人民来信、电话记录，机关内部互相抄送的文件材料，本机关负责人兼任外单位职务形成的与本机关无关的文件材料，有关工作参考的文件材料。

（3）同级机关的文件材料中，不需贯彻执行的文件材料，不需办理的抄送文件材料。

（4）下级机关的文件材料中，供参阅的简报、情况反映，抄报或越级抄报的文件材料。

2. 企业文件材料归档范围

针对企业文件材料，参照《企业文件材料归档范围和档案保管期限规定》，

---

① 中华人民共和国国家档案局：《机关文件材料归档范围和文书档案保管期限规定》，详见：https://www.saac.gov.cn/daj/xzfgk/202112/206a56e657fb4758b837b244cb1f6672.shtml。

"凡属企业归档范围的文件材料，必须按有关规定向本企业档案部门移交，实行集中统一管理，任何个人不得据为己有或拒绝归档"①。

企业文件材料归档范围如下：[5]

（1）反映本企业研发、生产、服务、经营、管理等各项活动和基本历史面貌的，对本企业各项活动、国家建设、社会发展和历史研究具有利用价值的文件材料。

（2）本企业在各项活动中形成的对维护国家、企业和职工权益具有凭证价值的文件材料。

（3）本企业需要贯彻执行的有关机关和上级单位的文件材料，非隶属关系单位发来的需要执行或查考的文件材料，社会中介机构出具的与本企业有关的文件材料，所属和控股企业报送的重要文件材料。

（4）有关法律法规规定应归档保存的文件材料和其他对本企业各项活动具有查考价值的文件材料。

企业文件材料不归档范围如下：

（1）有关机关和上级主管单位制发的普发性不需本企业办理的文件材料，任免、奖惩非本企业工作人员的文件材料，供工作参考的抄件等。

（2）本企业文件材料中的重份文件，无查考利用价值的事务性、临时性文件，未经会议讨论、未经领导审阅和签发的文件，一般性文件的历次修改稿、各次校对稿，无特殊保存价值的信封，不需办理的一般性来信、来电记录，企业内部互相抄送的文件材料，本企业负责人兼任外单位职务形成的与本企业无关的文件材料，有关工作参考的文件材料。

（3）非隶属关系单位发来的不需贯彻执行和无参考价值的文件材料。

（4）所属和控股企业报送的供参阅的一般性简报、情况反映，其他社会组织抄送的不需要本企业办理的文件材料。

（5）其他无须归档的文件材料。

综上可知，机关、企业文件材料归档范围应包括：①反映机构、企业的主要职能、组织沿革、领导人事变更等对机关或企业有重要利用价值的文件材料；②对维护机关、企业权益具有重要凭证价值的文件材料；③反映机关、企业事务处理或业务办理流程关系的具有重要备考价值的文件材料。

2.2.2.2 归档时间

归档时间是指文书或业务部门将待归档的文件材料向档案部门移交的时间。按照符合文件材料形成特点及规律的时间开展归档，对于维护档案的完整，保证

---

① 中华人民共和国国家档案局：《企业文件材料归档范围和档案保管期限规定》，详见 https://www.saac.gov.cn/daj/xzfgk/202112/45c72942b02d499bb4b838a53d04184e.shtml。

文档部门业务或工作顺利开展具有重要意义。

参照《机关档案管理规定》第三十五条规定,机关档案经文书或业务部门整理完毕后,应当在第二年 6 月底前整理完毕后向档案部门移交;采用办公自动化或其他业务系统的,应当随办随归;归档时间有特殊规定的,从其规定。在具体归档实践中,各单位应以文件材料的形成特点及形成规律为依据,结合本单位的实际,灵活确定归档时间。如对于某些专业性、机密性、周期性较强的文件材料,为了便于实际工作的开展,可适当延长归档时间;电子文件归档如采用逻辑归档方式的,可在技术条件允许的情况下实时归档。此外,固定周期内(如 1 年内)形成文件材料较多的机构,可在第二年 6 月底前整理完毕后向档案部门归档;而文件材料生成较少的机构,可以根据实际随办随归。[6]

2.2.2.3 归档要求

归档中应注意区分文件材料的价值,保证文件材料之间的逻辑关联。为保证机关档案部门归档质量,归档应符合下列要求:[7]

(1) 确保应归档的文件材料完整齐全。

(2) 确保文件材料包括过程记录,按其业务处理先后顺序及内容的关联整理立卷。

(3) 确保归档文件材料之间的历史、逻辑联系,区分每份文件材料的保存价值,分类整理,保证归档件或案卷标题简明,同时兼顾归档文件材料存管及利用。

2.2.3 归档文件整理规则

归档文件整理规则是规范归档文件整理流程和要求的行业标准。随着机关企业电子文件的大量形成,为解决电子文件归档中的如"归档电子文件整理流程是否规范、如何设置归档电子文件归档章、如何设置归档文件目录"等系列问题,国家档案局发布了修订后的《归档文件整理规则》(DA/T 22—2015)(以下简称《规则》),并于 2016 年 6 月 1 日实施。《规则》重新设定了归档文件的整理原则和方法,如在继续推行文件级整理的基础上,标准适用范围中增加了电子文件材料;明确了档号编制、装订、页码编制等要求。《规则》为规范机关企业文件材料整理提供了标准。[8]

2.2.4 归档文件整理工作的组织

形成部门是归档文件材料的组织机构。由形成部门开展归档文件整理工作优

势如下:[9]

(1) 可以充分尊重文件材料形成规律,保持文件材料之间的联系,也便于文件材料形成部门日常利用,最大限度地开发文件材料的价值。

(2) 形成部门熟悉文件材料形成过程,由其开展文件材料的归档整理工作可以更好地区分归档文件的保存价值,维护文件之间的历史及逻辑联系,科学划分保管期限,提高归档文件材料的质量。

(3) 文件材料形成部门将经过系统整理的归档文件移交至档案部门,在尊重原有整理的基础上,可提高移交后档案部门的工作质量。

2.3 归档文件的整理

2.3.1 整理原则

整理的实质是使归档文件由无序到有序,便于档案的开发及利用。归档文件整理应遵循文件材料形成的客观规律,区别文件材料价值,保持文件材料间的有机联系,保证归档文件材料齐全完整,便于保管和利用,符合文档一体化管理要求。同时对于电子文件归档整理,除了上述原则外,还应遵循便于计算机管理、保证纸质文件和电子文件整理协调统一等原则。

2.3.1.1 遵循文件材料形成规律,保持文件材料有机联系

文件材料是机关、企业、社会团体职能活动中形成的具有一定历史或逻辑关联的记录。归档文件整理中遵循文件材料的形成规律就是遵循文件材料形成时间、形成机构、形成流程等,维护文件材料时间、来源、内容上的有机联系,这样既能反映机关主要职能及其具体业务开展过程,也有利于日后查找和利用。

2.3.1.2 区分价值,便于保管和利用

文件材料的价值大小是由文件的来源、内容、形成时间及其备考凭证作用大小等因素决定的。在实际工作中,并非所有办理完毕的文件材料都需要整理归档。因此,归档整理前应首先区分文件材料的价值,根据归档文件价值确定文件的保管期限,区分不同保管期限的文件分别放置。只有尊重文件材料的形成规律,保持文件材料之间的历史逻辑联系,区分归档文件材料的价值,才能便于归档文件材料的存管和利用。

2.3.1.3　符合文档一体化管理要求，便于计算机管理

文档一体化管理是将文件材料处理与档案管理这两项既有联系又有区别、既独立又相互关联的工作纳入统一信息化管理系统中，充分利用文件材料处理中形成的数据信息和现有成果，实现文件材料处理与档案管理的无缝衔接，解决归档文件与档案管理脱节的问题，提高文档管理工作效率。[10] 现阶段，机关企业及社会团体的前端业务中形成了大量纸质和电子等多元类型的文件材料，不同的归档整理原则及方法难以满足信息化条件下文档一体化管理要求。因此，在纸质与电子文件归档整理中，建议采用文档一体化的管理思路及方法开展纸质与电子文件归档整理。[11]

2.3.1.4　保证纸质文件和电子文件整理协调统一

针对当前我国机关企业单位电子文件双轨双套并存的现状，保证纸质与电子文件在归档原则方法上协调统一是归档文件整理必须面对的问题。与传统纸质文件整理方法不同，电子文件归档还包括格式转换、元数据收集、归档数据包组织、存储等环节，要实现二者协调统一，应首先统筹规划文件材料处理和档案管理工作，开展归档文件质量前端控制，即在文件材料处理环节前置档案管理要求，以应对文件和档案管理信息不一致、电子文件元数据丢失等问题。其次，整体考虑归档文件的整理方法，在电子文件单套制渐行渐近的趋势下，一般应将电子文件作为首要的归档整理对象，基于归档系统完成电子文件的归档整理工作，随后根据工作实际，开展纸质文件材料归档整理，以便充分利用文书处理环节形成的管理信息，保持纸质与电子文件归档整理工作的一致性和稳定性。[12][13]

2.3.2　归档整理方法

2000 年，国家档案局颁布的《归档文件整理规则》，以"简化整理、深化检索"为宗旨，将档案保管的基本单位由"卷"变为"件"，全面推行文书立卷改革。2015 年修订的《归档文件整理规则》精简了"件"的定义，进一步确定了以"件"为单位的整理方法（图 2.1）。

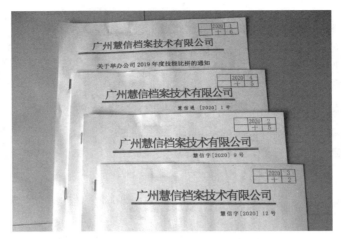

图 2.1 以"件"为单位的档案整理

以"件"为单位开展档案整理具有以下优点:[14]

（1）以"件"为单位开展档案整理，简化了归档整理环节，略去了案卷标题拟写、案卷目录输入等环节。

（2）以"件"为归档单位开展归档文件材料整理，有利于办毕文件随办随归，也便于随时开展归档文件的价值鉴定，保证移交文件材料质量以及档案开放鉴定工作开展。

（3）以"件"为单位开展归档，不需要拆卷即可开展档案复制或扫描，降低了档案的毁损程度，有利于维护归档文件的完整齐全。

（4）档案利用中，以"件"为单位开展整理，便于面向利用者需求以"件"为单位直接提供利用，不需要将整卷档案调阅，提升了利用效率。

2.3.3 整理步骤

以"件"为单位开展归档文件整理的步骤包括组件、分类、排列、编号、编目等序化过程。① 其中纸质文件材料归档还包括修整、装订、编页、装盒、排架等过程；电子文件归档还包括格式转换、元数据收集、归档数据包组织、存储等过程。不同机构归档整理环节存在细微差别，可根据《归档文件整理规则》做出相应调整。本节综合梳理了纸质文件归档整理的包括组件、修整、装订、分类、排列、编号、编页、编目、装盒、排架等流程。[15]

---

① 中华人民共和国国家档案局：《归档文件整理规则》，详见 https://www.saac.gov.cn/daj/hybz/dabz_list_2.shtml。

2.3.3.1 组件

组件即"件"的组织，是归档文件整理的第一步，组件需明确两个事项，即"件"的组成部分和件内文件排序。

1. "件"的构成

归档文件一般以每份文件为一件。但为了有效反映过程记录，便于综合开发和提供利用，归档中常将多份文件作为一件，例如：正文、附件为一件；文件正本与定稿（包括法律法规等重要文件的历次修改稿）为一件；转发文与被转发文为一件；原件与复制件为一件；正本与翻译本为一件；中文本与外文本为一件；报表、名册、图册等一册（本）为一件（作为文件附件时除外）；简报、周报等材料一期为一件；会议纪要、会议记录一般一次会议为一件，会议记录一年一本的，一本为一件；来文与复文（请示与批复、报告与批示、函与复函等）一般独立成件，也可为一件；有文件处理单或发文稿纸的，文件处理单或发文稿纸与相关文件为一件。[16]

2. 件内文件排序

件内文件排序主要是指多份文件作为"一件"时，将其按照一定顺序排列。根据《规则》，件内文件排序应符合以下要求：[17]

（1）正文在前，附件在后。当然，在实操中，当附件数量较多或者附件太厚不易装订时，正文与附件可分别作为一件装订。

（2）正本在前，定稿在后。

（3）转发文在前，被转发文在后。

（4）原件在前，复制件在后。

（5）不同文字的文本，无特殊规定的，汉文文本在前，少数民族文字文本在后。

（6）中文本在前，外文本在后。

（7）来文与复文作为一件时，复文在前，来文在后。

（8）有文件处理单或发文稿纸的，文件处理单在前，收文在后；正本在前，发文稿纸和定稿在后。

除《规则》明确说明的情况外，以下情况多份文件作为"一件"时应注意：

（1）会议纪要、会议记录应按照时间先后排序。

（2）介绍信及存根应按照人员结合时间先后排序。

（3）新闻报道材料应按照媒体种类结合时间先后排序。

（4）行政审批、处罚等材料应将结论性材料排列在前，其他材料依工作流程顺序排列在后。

组件中擅自扩大组件范围容易出现问题，如某单位经费申请中形成的与上级单位之间的来往文件，组件中应根据"复文在前，来文在后"的组件原则，将上级单位经费申请批复和经费申请文件，以及局内承办部门的经办过程文件作为"一件"整理，但利用中查看该项经费申请办理情况时，归档文件目录中很难检索到相关文件，上述问题与归档中擅自扩大组件范围密切相关。组件实操过程中应避免将同一事由的文件组为"一件"的简化处理，来文与复文组建方式应根据实际情况灵活掌握，以满足检索利用。

2.3.3.2 修整

为了保证归档文件的长期保存和利用，装订前必须对不符合要求的归档文件材料进行必要的修整。以纸质归档文件为例，其修整过程包括：

（1）修裱破损文件。档案修裱是通过选择适宜的纸张、纺织品和黏结剂，对破损的纸质档案载体进行修补或托裱，以恢复其强度或增强其耐久性的修复技术。修裱的主要目的是恢复破损文件的原貌，增加其强度，延长其寿命。修裱中必须遵循适宜性、相似性和可逆性原则。① 具体来说，适宜性原则是指修裱所用材料应具有延长文件寿命的强度和特性，修裱的材料和技术方法不得对制成材料产生副作用或损害，尽量维持归档文件原貌。相似性原则是指修裱所用材料应与被修裱文件载体具有相似的厚度、颜色和结构，修裱后的归档文件不应过厚变形，而应达到薄且光洁、舒展平整的要求。可逆性原则是指经过修裱后的文件材料必要时通过处理回归原貌，使文件载体与其修裱材料分离。[18]实操中对于纸张幅面小于 A4 的归档文件可进行托裱，以增强其强度。（图 2.2）

图 2.2　纸张幅面小于 A4 的文件的托裱

---

① 中华人民共和国国家档案局：《档案修裱技术规范》，详见 https://www.saac.gov.cn/dajhybzdabz_list_3.shtml。

（2）复制字迹模糊或易退变的文件。附着于归档文件载体上的字迹材料是影响归档文件长期保存的另一重要因素。字迹材料褪色、扩散等常导致归档文件内容模糊，影响其使用。此时需要对字迹模糊或易退变的归档文件进行复制，最大限度地维护其内容的完整性。现阶段可采用静电复印等方式对字迹模糊或易退变的归档文件进行复制。

（3）去除不合格的装订用品。文件形成和流转中普遍使用订书钉、曲别针、大头针等易锈蚀的装订用品，易造成归档文件受到损害。此外，塑料装订用品氧化、脆断裂等会导致文件零散，影响其管理和使用。所以归档文件修整中应去除易锈蚀、易氧化的金属或塑料装订用品，以免对归档文件造成潜在危害。（图2.3）

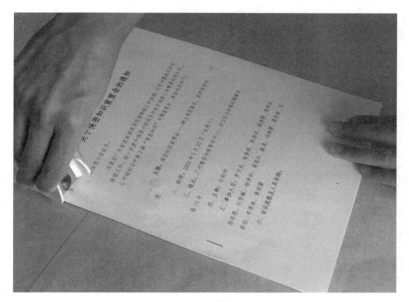

图2.3　拆钉

（4）幅面过大纸张折叠。在实际工作中，对于幅面过大的归档文件，如幅面大于A4规格的建筑图纸等，为了方便装盒，装订前需要对该类文件进行折叠，折叠时应注意不影响其日后使用，并将首页标题露出，以便归档后查阅利用。[19]（图2.4）

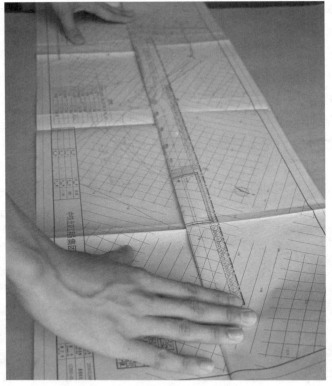

图 2.4　幅面过大纸张折叠

2.3.3.3　装订

装订是通过线装法、变形材料装订法、粘接法、封套法等方式,将归档文件以"件"为单位固定的过程。装订主要起到固定文件页次,防止文件张页丢失,从实体上将归档文件整理的基本单位——"件"确定下来的作用。作为纸质归档文件整理的基础环节,装订为后续工作的开展提供条件。

1. 装订要求与原则

归档文件一般以件为单位进行装订。归档文件装订应牢固、安全、简便,做到文件不损页、不倒页、不压字,装订后文件平整,有利于归档文件的保护和管理。[20]为了达到上述要求,装订中应该遵循稳定性、最小影响、一致性和安全简便原则[21]:根据装订材料的具体情况确定适宜的装订方案,并保持该方案相对稳定;避免多次装订,在原有装订方式符合装订要求的情况下保持原有装订面貌,原有装订方式如不符合装订要求,在拆除原装订时也应尽量减少对归档文件的破坏;根据归档文件保管期限确定装订方式,相同期限的归档文件装订方式尽量保持一致,不同期限的装订方式相对统一;装订应牢固安全、简便实用、整洁美观。装订材料不能包含可能损害归档文件的物质或者产生可能损害归档文件的物质,比如易锈蚀的金属等。装订中应谨慎选择装订材料,以维护归档文件的安全。[22]

2. 装订方式及选择

当前实践工作中常见的装订方式有4个类型7种方法：①线装法（"三孔一线"装订、直角装订、缝纫机轧边装订）；②变形材料装订法（不锈钢订书钉装订、不锈钢夹装订）；③粘接法（浆糊装订）；④封套法（封套装订）。需要注意的是回形针、大头针、燕尾夹、热熔胶、办公胶水、装订夹条、塑料封等可能对归档文件造成损害的材料或者固定效果不佳的装订方式在装订中应避免选择。实践中常用的"三孔一线"装订法、直角装订法和不锈钢订书钉装订法具体应用说明如下：

（1）"三孔一线"装订法。"三孔一线"装订法是指用锥子或三孔一线打孔机在文件左侧打孔后再穿线、打结的装订方式，装订效果如图2.5所示。

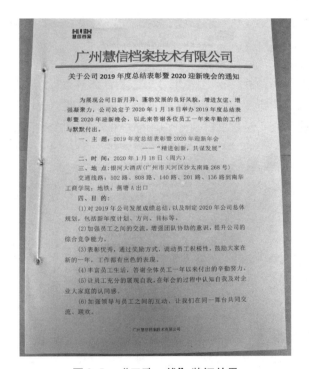

图2.5　"三孔一线"装订效果

要注意的是，打孔前先用夹子固定文件上侧或右侧，确定孔距后用锥子或三孔一线打孔机打孔。相邻两孔之间的距离，竖版文件以8~10 cm为宜，横版文件以6~8 cm为宜。三孔与文件左侧距离不少于1.5 cm。实践工作中，档案工作者常根据装订经验即可大致确定三孔位置。

（2）直角装订法。直角装订法相对"三孔一线"装订法较为简单，适用于页数不多的文件的装订，具体装订效果如图2.6所示。直角装订应选取较细的缝线针，以双线进行装订。

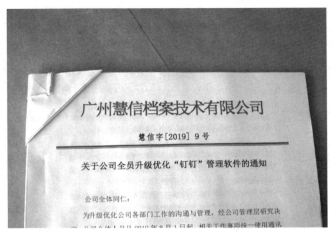

图2.6　直角装订效果

（3）不锈钢订书钉装订法。不锈钢订书钉装订法具有操作简单、成本较低的优点，装订效果如图2.7所示。由于不锈钢书钉为金属材质，选用时应保证订书钉质量。需要注意的是采用不锈钢书钉装订的归档文件不适用微波消毒，易引发火灾。

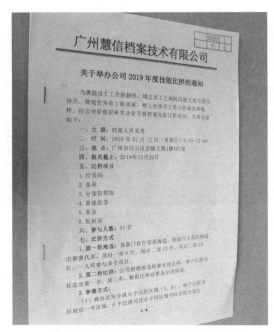

图2.7　不锈钢订书钉装订效果

需要明确的是，无论采用哪种方法，装订都应结合归档文件载体的特性、归档文件保管期限、装订材料及装订方式的特点等，确定归档文件装订材料和装订方式。[23]（表2.1）

表2.1 纸质归档文件装订方式选择

装订需求	宜	可	不可	不得
永久保管	直角装订、缝纫机轧边装订、"三孔一线"装订	不锈钢订书钉装订、浆糊装订	/	回形针、大头针、燕尾夹、热熔胶、办公胶水、装订夹条、塑料封
定期30年保管，需要移交档案馆	直角装订、缝纫机轧边装订、"三孔一线"装订	不锈钢订书钉装订、浆糊装订	不锈钢订书钉装订、封套装订	
定期30年保管，不需要移交档案馆	直角装订、缝纫机轧边装订、"三孔一线"装订、不锈钢订书钉装订、浆糊装订	不锈钢订书钉装订、封套装订	不锈钢订书钉装订、封套装订	
定期10年保管	直角装订、缝纫机轧边装订、"三孔一线"装订、不锈钢订书钉装订、浆糊装订、封套装订	/	/	
永久或定期保管，需要临时固定	不锈钢订书钉装订、封套装订	/	/	

2.3.3.4 分类

1. 内涵

分类是指全宗内归档文件按其来源、时间、内容和形式等特征分为若干类别，并将各类别按照层级关系组合为有机整体的过程。归档文件合理分类不但能有效揭示归档文件的内在联系，使全宗成为一个有机整体，便于系统地提供利用，而且对归档文件排列、编目、排架等都具有重要意义。

2. 基础分类法

分类方法又称"分类标准""分类特征"或"分类原则"。分类方法很大程度上影响着分类质量。在文书档案管理实践中，年度分类法、机构（问题）分类法和保管期限分类法是通用的分类方法。这些分类法在各级档案部门使用率高且能较好地反映归档文件的形成规律。同一全宗应保持分类方案一致和稳定。

（1）年度分类法。年度分类法是将归档文件按其形成年度进行分类。采用该分类法可以反映归档文件形成单位每年工作特点和逐年发展变化情况，且实施中类目设置标准清晰。

（2）机构（问题）分类法。机构（问题）分类法也是现行机关企事业单位常见的分类方法。制定分类方案时，机构分类法与问题分类法不宜同时采用，而应根据归档文件的实际情况选择。机构分类法是根据形成和处理文件的承办机构对归档文件进行分类。采用机构分类法能有效地保持全宗内文件来源上的关联，客观反映立档单位的历史面貌。问题分类法是按照文件内容所涉及的问题（或事由）对归档文件进行分类。采用问题分类法可以避免或减少同类问题文件分散的现象，便于按专题查找和利用档案。

（3）保管期限分类法。保管期限分类法是根据划定的保管期限对归档文件进行分类，即将归档文件按保管期限分开。采用保管期限分类法能够将不同价值的归档文件从实体上区分开来，使档案部门采取针对性的整理和保护措施，同时为库房排架、档案移交进馆和到期档案鉴定等工作提供便利。[24][25]

3. 复式分类法

在实际工作中，采用上述单一分类方法比较少见，较多的是综合应用上述分类方法，即复式分类法。本书列举下列常用的复式分类法，供实践中选择。

（1）年度—机构—保管期限分类法。即先将归档文件按年度分类，每个年度下按机构分类，再在机构下按保管期限分类。该分类方法适用于内部机构设置比较稳定的立档单位。

例如，按年度—机构—保管期限进行分类编件号：

2019年—国土—永久　1、2、…；

2019年—国土—30年　1、2、…；

2019年—国土—10年　1、2、…；

2019年—规划—永久　1、2、…；

2019年—规划—30年　1、2、…；

2019年—规划—10年　1、2、…。

（2）年度—问题—保管期限分类法。即先将归档文件按年度分类，每个年度下按问题分类，再在问题下按保管期限分类。该分类方法多用于内部机构复杂多变，或由于机构间分工不明、文件制发处理等工作不正规等原因难以区分文件的所属机构，或无内部机构，或内部机构非常简单等情况的分类。

（3）年度—保管期限分类法。即先将归档文件按年度分类，再在年度下按保管期限分类。该分类方法适用于内部机构设置简单的基层单位或规模较小的机关，或者每年形成文件数量少的机关。

例如，按年度—保管期限进行分类编件号：

2019 年—永久　　1、2、3、…；
2019 年—30 年　　1、2、3、…；
2019 年—10 年　　1、2、3、…。

另归档章式样提及的全宗号，是档案馆或上级单位给立档单位编制的代号，如无号的暂不用编。

（4）保管期限—年度—机构分类法。即先将归档文件按保管期限分类，每个保管期限下按年度分类，再在年度下按机构分类。这种分类方法同样适用于内部机构设置比较稳定的立档单位。

（5）机构—年度—保管期限分类法。即先将归档文件按机构分类，各机构下按年度分类，再在年度下按保管期限分类。该分类方法也适用于内部机构较固定或较少变化的立档单位以及撤销机关的文件整理归档工作。

（6）保管期限—年度—问题分类法。即先将归档文件按保管期限分类，每个保管期限下按年度分类，再在年度下按问题分类。该分类方法也适用于不宜按机构分类的情况。

（7）问题—年度—保管期限分类法。即先将归档文件按问题分类，每个问题下按年度分类，再在年度下按保管期限分类。该法适用于撤销机关的文件整理归档工作或历史档案整理工作。

（8）保管期限—年度分类法。即先将归档文件按保管期限分类，再在保管期限下按年度分类。该分类方法适用于内部机构设置简单的基层单位或规模较小的机关，或者每年形成文件数量少的机关。

4．分类方法选择应注意的问题

分类方法是归档文件分类工作的依据，应保持相对稳定以保持分类体系的连续性，便于查找利用。实践中，机构内部人员、组织、制度等发生变化，归档文件分类方案也应随之调整。确需调整时建议从新的阶段，如机构或人事较大变动时开始，不必将已整理好的归档文件打乱重整，可与原方案交叉进行，以免分类体系混乱。此外，对分类方案的调整情况应在全宗指南中说明，以衔接档案管理前后工作。实际工作中，机关、企事业机构归档文件一般采用年度—机构（问题）—保管期限、年度—保管期限—机构（问题）等方法进行三级分类。[26][27][28][29]

2.3.3.5　排列

通过分类，归档文件整体上呈现出系统性，但具体到各类别仍处于无序状态。归档文件排列是指在分类方案的最低一级类目中按照一定方法确定归档文件先后次序，并使之进一步系统化的过程。

1. 排列原则

归档文件应在分类方案的最低一级类目内按时间结合事由排列。该原则强调以时间为主，同时结合事由进行排列，相比以重要程度作为排列标准更易理解和操作。同一事由中的文件则根据文件形成的先后顺序排列。会议文件、统计报表等成套性文件可以在"事由"标准上，采取较为灵活的方法集中排列，以保持成套文件的完整性。

2. 排列方法

排列原则是选择排列方法的基础，在实践中，要实现上述排列原则，首先需按照事由将属于同一事由的文件按时间顺序排列，其次对于不同事由的文件也需按时间顺序排列。如本单位年度大事记归档时，按1—12月顺序依次排列；某单位6月份完成了"下发关于机构改革的通知""召开一次业务研讨会""举办迎'七一'演讲比赛"等3项工作，3项工作的归档文件按照工作结束的先后顺序排列。实操中，归档文件排列时应注意：

（1）在分类方案的最低一级类目内进行归档文件排列，如按照"年度—机构—保管期限"分类，"保管期限"为最低一级类目。

（2）同一事由的归档文件应集中排列在一起。

（3）同一事由内归档文件按照文件形成时间顺序排列，即根据文件形成时间的先后顺序，日期在前的归档文件排列在前，日期在后的归档文件排列在后。

（4）不同事由的归档文件按照时间顺序排列。只要求将不同事由的文件按其办结时间的先后顺序排列，不必考虑其他因素。

（5）会议文件、统计报表等成套性文件可集中排列。成套性是指某些事由所形成的文件间联系比较松散，但这些事由间有着密切的联系。如某次会议往往包括许多事由，它们形成的文件在时间上可能跨度很大，但文件之间表现出较强的系统性，利用时需要相互参照、查证，集中排列方便检索。

文件基本按照形成时间顺序排列的方法，大大降低了文件排列工作的复杂性。实践中，信息化水平不高的地区、部门，或形成归档文件数量较少、复杂性较低且仍以手工整理为主的情况，可灵活采用排列方法，如按事由的重要程度排列或按事由共同属性分别集中排列。

实际工作中，文件未按规定时间移交档案室归档且档案室已完成整理归档工作，插入文件难度较大时，零散文件可以排在相应保管期限最后。如2019年6月，某单位已完成2018年度文书档案的整理工作，2019年8月又有部分处室移交了2018年保管期限属于永久的5件、30年的8件和10年的12件文件，该类文件只需分别排在相应保管期限最后编件号归档。[30]

2.3.3.6 编号

分类排列之后,归档文件基本形成了有机体系,但此时该体系仍不固定,需要对归档文件编号将该体系固定下来。归档文件编号是指归档文件在全宗中的位置标识,常以归档章的形式在归档文件上注明。简单来说,就是为归档文件编制档号。档号是在文件整理过程中赋予的,体现整理规则并包含归档文件类别、排列顺序等要素的一组数字、字符的集合。档号在档案管理中具有重要作用,它不仅能够反映档案的基本属性,指示档案在全宗中的位置,同时还能建立不同载体档案间的联系,唯一、合理的档号为科学管理档案和后续档案资源开发奠定了基础。作为编目工作的起点和基础,编制科学合理的档号是科学管理、查找和利用档案的前提条件。[31]

1. 档号编制原则

《档号编制规则》(DA/T 13—1994)适用于立卷方法改革前以案卷为单位进行的档号编制工作,并不完全适用于归档文件的档号编制,但该规则确定的唯一性原则、合理性原则、稳定性原则、扩充性原则及简单性原则,仍对归档文件的档号编制具有指导意义。

(1)唯一性原则:一个档号只能对应一件归档文件,档号不能出现重复现象。

(2)合理性原则:档号结构必须与归档文件的整理分类体系相适应。同时,档号应保持完整,不随意增加或减少,否则难以发挥管理和利用档案的作用。

(3)稳定性原则:档号一经确定,一般不应随意改变。在档号不得不进行修改的情况下,应在归档文件目录等标注有档号的各种工具中同步修改。

(4)扩充性原则:档号必须留有适当的递增空间,以适应档案不断扩充的需要。

(5)简单性原则:档号应简短、明了、易理解,在方便处理的基础上确保编制、使用不易出错。[32][33]

2. 档号结构与档号编制方法

《归档文件整理规则》(2015)以"年度—保管期限—机构(问题)"分类法为基准提出了档号的基本结构:全宗号—档案门类代码·年度—保管期限—机构(问题)代码—件号。(图2.8)

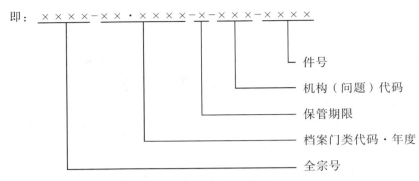

图 2.8　档号基本结构

其中，档号左边为上位代码，右边为下位代码。上、下位代码之间用短横线"-"连接，同一级代码之间用间隔号"·"隔开。

组成档号的各项编制中应遵循以下方法：

（1）全宗号。全宗号是档案部门为立档单位提供的编号，旨在区分各立档单位，便于日常管理与利用。全宗号一般由 4 位数字或者字母与数字的组合构成，一般第一位用汉语拼音标识，代表档案门类，另外三位数字标识某一门类全宗的顺序号。全宗号不足 4 位的，应在全宗号前补零，如 1 全宗在档号中应为 0001，A1 全宗在档号中应为 A001。[34]

（2）档案门类代码。归档文件的档案门类代码由"文书"2 位汉语拼音首字母"WS"标识。其他门类档案，比如照片、录音、录像、科技、专业档案，参照《归档文件整理规则》进行整理时，其门类代码可以分别设置为"ZP""LY""LX""KJ""ZY"。

（3）年度。年度为文件形成年度，以 4 位阿拉伯数字标注公元纪年，如"2020"。

（4）保管期限。保管期限是指机关文书、业务部门或档案部门在整理归档文件时，按照文书档案保管期限表给归档文件划定的保管期限。按照国家档案局《机关文件材料归档范围和文书档案保管期限规定》，保管期限分为永久、定期两种，定期一般分为 30 年和 10 年。保管期限永久、定期 30 年、定期 10 年，分别以代码"Y""D30""D10"标识。如果档案整理中使用其他具体年度的定期保管期限，其保管期限代码为"D + 年度"。如定期 5 年标识为 D5，定期 15 年标识为 D15。

（5）机构（问题）代码。机构（问题）代码采用 3 位汉语拼音字母或阿拉伯数字标识，如办公室用"BGS"。归档文件未按照机构（问题）分类的，应省略机构（问题）代码。

（6）件号。件号是文件按件排序之后用于固定文件位置、固定文件前后次序的代号。一般用 4 位阿拉伯数字表示，不足 4 位的，前面用"0"补足，例如"0009"。件号应在分类方案的最低一级类目内，按文件排列顺序从"0001"开始标注。件号按照编制的档案部门不同又可分为室编件号和馆编件号两种。

3. 归档章

归档文件编号后，需要在文件上逐件加盖归档章。归档章既可以将编号的内容体现在每件文件上，也是纸质文件归档的标志。归档章式样如图 2.9 所示。

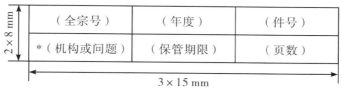

图 2.9　归档章式样

全宗号、年度、保管期限、件号以及页数是归档章的必备项，图 2.9 中带"*"号的机构（问题）项为选择项，没有此项的机关，归档章上机构或问题项的位置可空置，即不设（不填写）此项。

在填写归档章项目时，应使用符合档案保护要求的字迹材料，如碳素墨水、耐久性好的签字笔等，也可使用打号机打号，以防止内容变淡褪色。禁止使用圆珠笔、铅笔、纯蓝墨水等不耐久的书写材料填写。

归档文件应在首页上端的空白位置加盖归档章并填写相关内容，归档章的位置以不压住文件字迹，也不与批示文字或收件章等交叉为宜。（图 2.10）

图 2.10　归档章加盖位置

2.3.3.7 编页

编页是指将已经固定成件的文件按照排列顺序给每一页添加顺序号,在实际工作中也叫"打码"。编页进一步固定了每份文件内页的排列顺序,同时,页码与页数相配合可对归档文件起到统计与监督的作用,保证归档文件完整、安全,方便档案查找利用。

1. 编页要求

在实际工作中,不同机构部门针对不同类型的档案编制页号时存有差别,但是一般都应遵循以下要求:第一,归档文件应以件为单位编制页码,一份文件一个流水号,另一份文件需从1开始重新编制页码,且同一份文件内页码应做到"连续、不重、不漏"。第二,归档文件有图文的页面不论正反均应编制页码,没有内容的空白页面不编页码。第三,归档文件材料已有页码且无错漏或编制页码与文件原有页码相同时,可以保持原有页码不变,以减少对档案实体的破坏。

2. 编页方法

编页时,需要确定页码位置、起始页码,选择合适的编页工具(如实际工作中页码编制常用自动打码机)等。根据国家相关标准,页码适宜标注在文件正面右上角或背面左上角的空白位置,如图2.11所示。实际工作中也有将页码标注在文件正面右下角或反面左下角的情况,具体根据本单位编页惯例进行标注。页码一般采用阿拉伯数字,从"1"开始编制,使用黑色铅笔标注,字迹工整、清晰,不建议使用难以修改的签字笔等进行标注。[35]

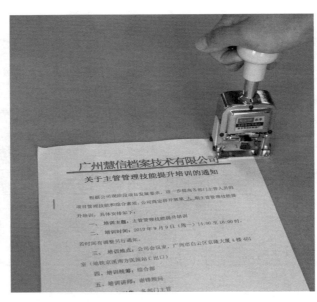

图2.11 编页页码位置

2.3.3.8　编目

归档文件页码编制结束后意味着完成了归档文件实体的固定。后续档案管理各项工作开展还需对归档文件进行编目，即编制归档文件目录。编制归档文件目录是开展档案保管、鉴定、检索、统计和编研等工作的基本条件，也是档案信息进一步深层组织开发的主要依据。归档文件目录编制应严格按照归档文件档号的顺序，准确反映归档文件分类和排列方法。[36]

归档文件目录项目包括序号、档号、文号、责任者、题名、日期、密级、页数、备注等项。（表2.2）

表2.2　归档文件目录式样

序号	档号	文号	责任者	题名	日期	密级	页数	备注

归档文件目录各项目完整地包含了一份文件的构成要素，概括了归档文件内容和形式的各种特征，为利用者提供了较为完备的检索渠道。归档文件目录各项填写中需要注意以下问题：

（1）序号。序号即归档文件顺序号，用阿拉伯数字从"1"开始逐条编制填写。实操中根据序号赋予部门，又可以分为室编序号与馆编序号。

（2）档号。档号填写要求参见2.3.3.6节。

（3）文号。文号即归档文件的发文字号，是查找归档文件的重要参照要素。文号通常由发文机关代字、发文时间、发文顺序号组成，填写时应照实从文件抄录。没有文号的归档文件，此栏目空置即可。文号编制不规范的，可在照实抄录文号后加［　］补充正确的文号。

（4）责任者。责任者在归档文件中表现为文件的发文机关或署名者，可以是一个或几个机关或个人，填写责任者项时应使用全称或通用简称填写清晰，对于联合行文的责任者填写，立档单位责任者必须填写，其他可省略。内部文件如无明确责任者，应考证出并填写。

（5）题名。题名即文件标题，反映了文件的内容与主旨，通常由发文机构、发文事由以及文种组成，是查找归档文件的重要途径。填写题名时，一般照实抄录。针对文件无标题、标题不规范、标题未能准确反映文件主要内容、标题不便检索等问题，可根据文件内容自拟标题，以"［　］"标记自拟标题以示区分。对于包含正副题名文件，当正题名可反映文件内容时，副题名可以不列。包含附件的文件，如附件独立性强，或对正文具有重要补充说明作用，正文题名与附件题名一并抄录，附件题名需外加"（ ）"以示区分。

（6）日期。日期是文件的重要特征之一，在文件排列等环节中发挥着重要作用。文件的日期一般来说是指文件的形成时间，即文件落款时间。日期格式以8位阿拉伯数字标注，如2020年6月6日，标注为20200606。多份文件作为一件的，以第一份文件的日期为准。未注明日期的文件，编目时应根据文件内容加以考证填写，确实无法考证的，其日期可以以归档年度为文件年度，月、日用零补足，比如20200000。

（7）密级。密级即文件的保密级别，一般按文件形成时所定密级著录，如填写"机密"或"JM"。对已升、降、解密的文件，应著录新的密级，公开级、国内级可不著录，归档文件没有密级的可不填写。[37]

（8）页数。页数项填写一件文件的总页数，在实际工作中可用于统计和核对。页数计算以文件是否包含图文为依据，有图或有文字的作为一页，空白页不计。对于大幅折叠的文件或图表，仍按未折叠的页数计算。对于多份组成的"一件"文件，其页数为多份页数之和。

（9）备注。备注项填写归档文件需要补充和说明的情况，包括开放等级、缺损、修改、补充、移出、销毁等情况。备注内容过多时，在备注栏内用"＊"号标示后填写至备考表中。

归档文件目录著录完成之后，一般需要打印装订成册，如图2.12所示，制作归档文件目录封面。归档文件目录可以按年装订成册，也可每年区分保管。归档文件目录封面如图2.13所示，封面设置项目包括全宗名称、全宗号、年度、保管期限、机构（问题）。

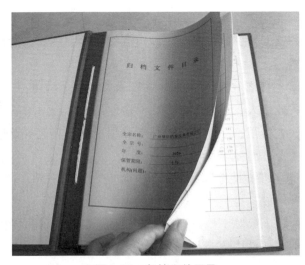

图2.12　归档文件目录

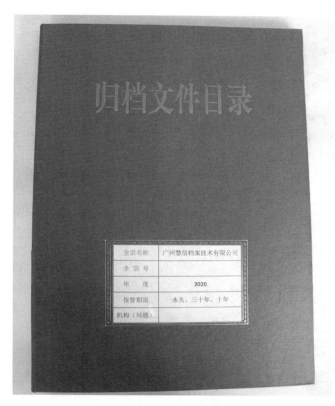

图 2.13　归档文件目录封面

2.3.3.9　装盒

归档文件编目后就进入装盒步骤。装盒并非简单地将归档文件塞进档案盒了之，应根据文件的厚度，严格按件号的先后顺序装入档案盒。装盒应注意与归档文件目录相应条目排列顺序保持一致，保证检索到文件条目后即可找到对应文件。归档文件装盒要特别注意"三不同盒"：不同年度归档文件不同盒；不同机构（问题）的归档文件不同盒；不同保管期限的归档文件不同盒。此外，装盒还包括填写备考表、编制档案盒盒脊等工作内容。

（1）档案盒。制作良好的档案盒配合填写规范的档案盒封面及盒脊，既能保护盒内文件，又能为档案保管、检索与利用提供方便。档案盒不具备保管单位的作用，同一事由归档文件可按顺序排列后依次装入不同档案盒内。如图 2.14 为档案盒竖式摆放时在盒脊填写各类项目的式样，图 2.15 为档案盒横式摆放时在档案盒底部填写各类项目的式样。[38]

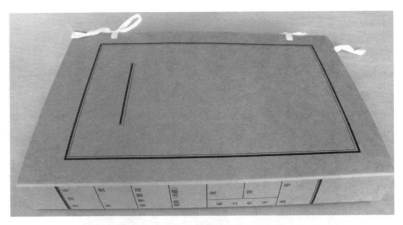

图2.14 档案盒竖式摆放式样

图2.15 档案盒横式摆放式样

（2）备考表。备考表置于盒内所有归档文件之后，用以记录整理、检查情况并对盒内归档文件缺损、修改、补充、移出、销毁等情况进行必要的注释说明。备考表项目包括盒内文件情况说明、整理人、整理日期、检查人、检查日期，如图2.16所示。[39]

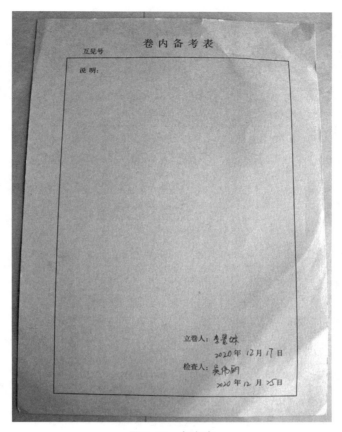

图 2.16　备考表

2.3.3.10　排架

排架是纸质归档文件整理的最后环节，对于开展日常档案实体管理和提供档案利用具有重要的影响。为了档案管理与利用工作的顺利开展，排架方法应与本单位归档文件分类方案保持一致，如采取"年度—机构（问题）—保管期限分类法"，排架时首先应将每年形成的档案按机构（问题）序列依次上架，同时可将一个年度同一机构（问题）形成的文件，按不同的保管期限依次排列，以方便查阅。实操中排架应遵循"从上到下，从左到右"的原则。（表 2.3、表 2.4、图 2.17）。[40]

表 2.3 "年度—机构（问题）—保管期限"排架示例

2010 – 办公室 – 永久	2010 – 办公室 – 10 年	2010 – 业务处 – 10 年	2011 – 办公室 – 30 年	2011 – 业务处 – 30 年
2010 – 办公室 – 永久	2010 – 业务处 – 永久	2010 – 业务处 – 10 年	2011 – 办公室 – 10 年	2011 – 业务处 – 30 年
2010 – 办公室 – 30 年	2010 – 业务处 – 永久	2011 – 办公室 – 永久	2011 – 办公室 – 10 年	2011 – 业务处 – 10 年
2010 – 办公室 – 30 年	2010 – 业务处 – 30 年	2011 – 办公室 – 永久	2011 – 业务处 – 永久	2011 – 业务处 – 10 年
2010 – 办公室 – 10 年	2010 – 业务处 – 30 年	2011 – 办公室 – 30 年	2011 – 业务处 – 永久	（空）

表 2.4 "年度—保管期限"排架示例

2018 – 永久	2018 – 30 年	2018 – 10 年	2018 – 10 年	2019 – 30 年	2019 – 10 年
2018 – 永久	2018 – 30 年	2018 – 10 年	2018 – 10 年	2019 – 30 年	（空）
2018 – 永久	2018 – 30 年	2018 – 10 年	2018 – 10 年	2019 – 30 年	
2018 – 永久	2018 – 30 年	2018 – 10 年	2019 – 永久	2019 – 10 年	
2018 – 永久	2018 – 30 年	2018 – 10 年	2019 – 永久	2019 – 10 年	
2018 – 永久	2018 – 30 年	2018 – 10 年	2019 – 永久	2019 – 10 年	
2018 – 永久	2018 – 30 年	2018 – 10 年	2019 – 永久	2019 – 10 年	

图 2.17 档案密集架

总之，归档文件（文书档案）整理的各业务环节是互相关联的，上一个环节的整理质量直接影响到下一环节工作的开展，因此，各机关企事业单位归档文件整理应科学规划，层层把关，在确保归档文件"应归尽归"的同时提升归档文件质量。

参考文献

[1] 广州市档案局. 档案整理技巧与图解[M]. 北京：中国档案出版社，2008.

[2] 广州市档案局. 档案整理技巧与图解[M]. 北京：中国档案出版社，2008.

[3] 胡燕，王芹，徐继铭. 文书档案管理基础[M]. 北京/西安：世界图书出版公司，2018.

[4] 中华人民共和国国家档案局. 机关文件材料归档范围和文书档案保管期限规定[EB/OL]. (2006-12-18)[2020-12-18]. http://www.saac.gov.cn/daj/bmgz/dazc_list.shtml.

[5] 中华人民共和国国家档案局. 企业文件材料归档范围和档案保管期限规定[EB/OL]. (2012-12-20)[2020-05-18]. http://www.saac.gov.cn/daj/bmgz/dazc_list.shtml.

[6] 中华人民共和国国家档案局. 机关档案管理规定[EB/OL]. (2018-10-11)[2020-05-18]. https://www.saac.gov.cn/daj/bmgz/dazc_list.shtml.

[7] 广州市档案局. 档案整理技巧与图解[M]. 北京：中国档案出版社，2008.

[8] 李明华. 归档文件整理规则解读[M]. 北京：中国文史出版社，2016.

[9] 胡燕，王芹，徐继铭. 文书档案管理基础[M]. 北京/西安：世界图书出版公司，2018.

[10] 刘敏. 基于文档一体化的文书档案信息化管理策略[J]. 兰台内外，2020（18）：55-56.

[11] 张瑞，刘璐璐，杨阳. 新编档案管理实务[M]. 成都：电子科技大学出版社，2017.

[12] 中华人民共和国国家档案局. 归档文件整理规则：DA/T 22-2015[S/OL]. [2021-01-16]. https://www.saac.gov.cn/daj/hybz/dabz_list_2.shtml.

[13] 丁德胜，张红. 《归档文件整理规则》整理原则、流程与一般要求（之二）[J]. 中国档案，2016（11）.

[14] 王英玮，陈智为，刘越男. 档案管理学[M]. 北京：中国人民大学出版社，2015.

[15] 中华人民共和国国家档案局. 归档文件整理规则：DA/T 22-2015[S/

OL］．［2021－01－16］．https：//www．saac．gov．cn/daj/hybz/dabz_list_2．shtml．

［16］中华人民共和国国家档案局．归档文件整理规则：DA/T 22－2015［S/OL］．［2021－01－16］．https：//www．saac．gov．cn/daj/hybz/dabz_list_2．shtml．

［17］李明华．归档文件整理规则解读［M］．北京：中国文史出版社，2016．

［18］中华人民共和国国家档案局．档案修裱技术规范：DA/T25－2000［S/OL］．［2021－01－16］．https：//www．saac．gov．cn/daj/hybz/dabz_list_3．shtml．

［19］李明华．归档文件整理规则解读［M］．北京：中国文史出版社，2016．

［20］中华人民共和国国家档案局．纸质归档文件装订规范：DA/T 69－2018［S/OL］．［2021－01－16］．https：//www．saac．gov．cn/daj/hybz/dabz_list_5．shtml．

［21］中华人民共和国国家档案局．归档文件整理规则：DA/T 22－2015［S/OL］．［2021－01－16］．https：//www．saac．gov．cn/daj/hybz/dabz_list_2．shtml．

［22］丁德胜．《归档文件整理规则》装订方式的选择与适用（之五）［J］．中国档案，2017（2）．

［23］中华人民共和国国家档案局．纸质归档文件装订规范：DA/T 69－2018［S/OL］．［2021－01－16］．https：//www．saac．gov．cn/daj/hybz/dabz_list_5．shtml．

［24］肖秋惠．档案管理概论［M］．武汉：武汉大学出版社，2009．

［25］周晓林．档案管理基础与实务［M］．徐州：中国矿业大学出版社，2002．

［26］中华人民共和国国家档案局．归档文件整理规则：DA/T 22－2015［S/OL］．［2021－01－16］．https：//www．saac．gov．cn/daj/hybz/dabz_list_2．shtml．

［27］乔翔，郭山．档案管理基础与实务［M］．北京：中国传媒大学出版社，2012．

［28］李明华．归档文件整理规则解读［M］．北京：中国文史出版社，2016．

［29］杨红．档案管理理论与实务［M］．上海：上海教育出版社，2016．

［30］李明华．归档文件整理规则解读［M］．北京：中国文史出版

社，2016.

[31] 乔翔，郭山. 档案管理基础与实务［M］. 北京：中国传媒大学出版社，2012.

[32] 王英玮，陈智为，刘越男. 档案管理学［M］. 北京：中国人民大学出版社，2015.

[33] 丁德胜.《归档文件整理规则》档号编制的原则与要求（之三）［J］. 中国档案，2016（12）.

[34] 中华人民共和国国家档案局. 档号编制规则［S］：DA/T 13 – 1994［S/OL］.［2021 – 01 – 16］. https://www.saac.gov.cn/daj/hybz/dabz_list_2.shtml.

[35] 中华人民共和国国家档案局. 归档文件整理规则：DA/T 22 – 2015［S/OL］.［2021 – 01 – 16］. https://www.saac.gov.cn/daj/hybz/dabz_list_2.shtml. DA/T 22 – 2015. 归档文件整理规则［S］. 2015.

[36] 邹杰.《归档文件整理规则》目录编制的要求与方法（之四）［J］. 中国档案，2017（1）.

[37] 中华人民共和国国家档案局. 档案著录规则：DA/T 18 – 1999［S/OL］.［2021 – 01 – 16］. https://www.saac.gov.cn/daj/hybz/dabz_list_2.shtml.

[38] 中华人民共和国国家档案局. 档案装具：DA/T 6 – 1992［S/OL］.［2021 – 01 – 16］. https://www.saac.gov.cn/daj/hybz/dabz_list_2.shtml.

[39] 中华人民共和国国家档案局. 归档文件整理规则：DA/T 22 – 2015［S/OL］.［2021 – 01 – 16］. https://www.saac.gov.cn/daj/hybz/dabz_list_2.shtml. DA/T 22 – 2015. 归档文件整理规则［S］. 2015.

[40] 中华人民共和国国家档案局. 归档文件整理规则：DA/T 22 – 2015［S/OL］.［2021 – 01 – 16］. https://www.saac.gov.cn/daj/hybz/dabz_list_2.shtml. DA/T 22 – 2015. 归档文件整理规则［S］. 2015.

第 3 章　基建档案整理

知识目标

（1）掌握基建档案的概念、特点、归档范围、归档时间、归档要求、保管期限等基本知识。

（2）明确基建档案管理的基本流程和整理步骤，掌握基建档案整理规范。

能力目标

（1）理解基建档案的概念特点，以基建档案成套性特点指导基建档案整理。

（2）明确基建档案管理基本流程和整理步骤，用科学规范的方法收集、整理、保管基建档案。

案例导入

某高校未建立完善的基建档案管理制度和规范，存在资料不集中、缺乏完备的资料、复印件与原件混乱替代，专业性、高素质管理人员缺乏，管理过程与项目进度不同步，因保存不当造成档案受损，查找档案困难等诸多问题。

案例解析

参考专家学者意见，某高校根据《科学技术档案案卷构成的一般要求》和《建设项目档案管理规范》等，针对基建档案整理的国家标准和档案行业标准，结合高校档案管理工作实际，制定了本校基建档案制度规范，在该制度规范的指引下，基建档案管理井然有序，查找利用十分便利，提高了日常工作效率。

3.1 基建档案的概念及特点

基建档案又称基本建设档案,是指在各种建筑物、构筑物、地上地下管线等基本建设工程的规划、设计、施工、使用、维修活动中形成的科技档案。[①] 基建档案由设计档案、施工档案、竣工档案和监理档案组成。结合具体项目来看,基建档案是指整个建设项目从酝酿、决策到建成投产(使用)的全过程中形成的应当归档保存的文件材料。[②]

建设项目档案是基建档案中的一个重要的组成部分,是从独立的建设项目中形成的基建档案。《建设项目档案管理规范》(2018)分别对项目建设文件和项目建设档案的概念进行了界定。其中,项目文件是指在项目建设过程中形成的文字、图标、声像、实物等文字材料,项目档案是指经过鉴定、整理、归档的有价值的项目文件。[③]

上述定义分别侧重于从基本建设工程的类型、阶段、组成部分、范围对基建档案做出界定。综合上述定义,本书将基建档案界定为基建项目开展全过程中形成的,经鉴定、整理、归档的具有保存价值的科技文件材料,既包括文字、图标、声像、实物等形式的文件材料,也包括以数码形式存储于磁带、磁盘、光盘等载体,依赖计算机等数字设备阅读处理的电子文件材料。

工程项目的成套性是基建档案的突出特点。基建项目档案整理时应遵循项目文件的形成规律和成套性特点,保持卷内文件的有机联系,分类科学、组卷合理、法律性文件手续齐备。

3.2 基建档案归档

3.2.1 归档范围

基建档案包括基本建设项目类档案和房屋产权类档案两大类。基建档案的归

[①] 华林:《新编科技档案管理学》,云南大学版社2001年版,第43页。
[②] 广州市档案局:《档案整理技巧与图解》,中国档案出版社2008年版,第41页。
[③] 中华人民共和国国家档案局:《DA/T 28—2018 建设项目档案管理规范》,国家标准出版社2018年版,第1~2页。

档范围包括整个建设项目从立项决策到建成交付使用过程中形成的应归档保存的文件材料。建设项目从立项到交付使用通常经过5个阶段。参照《建设项目档案管理规范》(DA/T 2018)的相关规定，基建项目建设中形成的具有考察利用价值的各种形式和载体的项目文件收集范围如下。

(1) 建设准备阶段：①项目立项的依据性文件，包括项目策划筹备文件，项目建议书，项目可行性研究报告，项目评估、审批、核准文件，设计任务书等文件材料。②管理类文件，包括项目建设管理组织机构成立、管理制度建设、人员分工安排、项目管理会议资料，征地拆迁、移民文件，建设用地评估报告，用地审批文件，拆迁方案、拆迁补偿以及招投标合同协议类文件。

(2) 设计阶段：①勘察设计文件，包括工程选址报告、工程地质和水文地质勘察报告、地形地貌观测记录、气象地震等设计基础资料。②设计类文件，包括总体规划方案、施工图设计、关键技术设计、设计评估等文件资料。

(3) 施工监理阶段：①施工文件，包括建筑施工文件、设备及管线安装施工文件、电气仪表安装施工文件。②监理文件，包括监理合同协议、监理大纲、监理项目部成立及人事安排、施工监理文件、设备监造文件、监理日志、监理工作音像材料等。③设备文件，包括设备说明书、开箱记录、设备图纸、设备运行使用、检修维护等文件。④有关电气、仪表安装施工的文件。

(4) 竣工验收阶段：①竣工验收类文件，包括竣工图纸汇总、项目各项管理工作总结、竣工验收大纲、验收申请、验收报告等。②科研项目文件，包括开题任务书、实验方案计划、实验记录分析、科研报告、成果申报鉴定审批、专业会议资料等文件材料。

(5) 工程使用维护阶段：工程竣工交付使用以后，要对工程进行使用及管理，形成如维护、扩建、改建等的相关文件。

房屋产权类档案包括：公有产权和房改材料类、购买公有住房申请表、家属住房情况调查表、公有住房售价评估表、公有住房买卖协议书、收款凭证、发票复印件、公证书、出售公有住房审定书、房地产证、平面图、复印件等。① [基建档案的归档范围详见国家档案局发布的《建设项目档案管理规范》（DA/T 28—2018）中"附录B-建设项目文件归档范围和保管期限表"]

3.2.2 归档时间

档案部门应按照文件形成的阶段或者项目完成情况及时收集归档，确保归档文件完整、成套、系统，其归档时间要求如下：[1]

---

① 《基建档案整理》，详见 https://v.qq.com/x/page/b06485rws3k.html。

（1）基建项目归档工作要与项目建设进程同步。项目申请立项时，应开始文件材料的积累、整理、审查工作；项目竣工验收时，应完成文件材料的归档和验收。项目建设中属于建设单位归档范围的文件资料，有关单位应按时整理移交建设单位。

（2）项目文件应及时分阶段归档。前期文件在相关工作结束时归档；管理性文件建议按年度归档，同一事由产生的跨年度文件应在办结年度归档；施工文件应在项目完工验收后归档，建设周期长的项目可分阶段或按单位工程归档；信息系统开发文件应在系统验收后归档；监理（监造）文件应在监理（监造）的项目完工验收后归档；科研项目文件应在结题验收后归档；生产准备、试运行文件应在试运行结束后归档；竣工验收文件应在验收通过后归档。[①]

在实际基建档案业务操作中，根据竣工年度确定归档时间。施工时间短的，在基建项目验收后两个月内按立卷要求分类整理装订归档；施工时间跨度长的可采取分阶段归档。

3.2.3 归档要求

归档时要遵循项目文件的自然形成规律和成套性特点，保持卷内文件之间的有机联系，便于档案管理与利用。纸质项目文件归档要求如下：[2]

（1）项目前期文件、管理性文件应符合国家有关法律法规及相关行业规定，工程技术文件应符合国家行业相关技术规范和标准的规定。

（2）归档文件材料要字迹清楚，图面整洁，载体和书写材料应符合耐久性要求，不得用易褪色的书写材料书写绘制。项目文件应格式规范、内容准确、清晰整洁、编号规范、签字及盖章手续完备并满足耐久性要求。

（3）归档项目文件应为原件，故用复制件归档时，应加盖复制件提供单位的公章或档案证明章，确保与原件一致。

除上述要求外，一般情况下，凡是建设单位产生的文件，应归档文件的正本与定稿；凡是建设单位作为直接收文单位的，应归档文件正本；凡建设单位作为间接收文单位的，可归档复印件。施工单位对原件的移交应以安全有效利用为前提，尽量移交一套原件给建设单位。

3.2.4 保管期限

项目档案的保管期限分为永久和定期两种，定期一般分为 30 年和 10 年。建

---

① 王红敏：《〈建设项目档案管理规范〉解读》，载《中国档案》2019 年第 2 期，第 24～25 页。

设单位档案机构应依据保管期限表鉴定档案价值,确定其保管期限。同一卷内有不同保管期限的文件时,该卷保管期限应从长。

基建档案的保管期限表详见国家档案局发布的《建设项目档案管理规范》(DA/T 28—2018)中的"附录 B – 建设项目文件归档范围和保管期限表"。各建设单位应依照实际情况制定详细的项目建设档案保管期限表。鉴定超过保管期限的基建档案,对失去保存价值的档案经过审批后可进行相应处理。保密档案应按照保密规定进行。

3.3 基建档案的整理

3.3.1 分类

基建档案立卷整理之前,一般应先分别按机关、企业和学校三类性质单位制定基建档案的分类方案,具体分类方案见表 3.1 至表 3.3。如果施工单位移交文件已按有关规定进行排列组卷,可以保持原貌,不必重新整理。注意不同形成阶段,不同单项(位)工程的文件材料不能混淆。

表 3.1　机关或管理型企业基建档案的分类方案[3]

B (机关代号)	B1　基建项目类	B1.1　基建项目类第一单工程
	B2　房屋产权类	B2.1　单位产权类
		B2.2　房改材料类

表 3.2　生产型企业基建档案的分类[4]

2 (企业代号)	2.1　厂区综合性文件
	2.2　生产性建筑
	2.3　辅助生产建筑
	2.4　办公、生活建筑
	2.5　房屋产权

表 3.3　学校基建档案的分类方案[5]

JJ 基建档案	JJ11	综合
	JJ12	工程项目
	JJ13	房改

工程项目类档案应按照形成阶段、专业、内容等特征进行分类。① 建设单位应结合国家有关规定、行业特点和项目实际情况制定项目档案分类方案，分类方案应遵循科学、实用、易操作和可扩展性原则，并保持稳定。工程项目类档案常见的分类方法如下：

（1）性质—工程项目分类法：以工程项目为基础，结合建筑项目的使用性质对全部基建档案进行分类，如生产性建筑、生活性建筑、商业性建筑等。例如：

某民用工程设计档案② $\begin{cases} 办公性设计：市政府、档案局…… \\ 文化性设计：少年宫、博物馆、图书馆…… \\ 商业性建筑：商业大厦…… \\ 生活性建筑：住宅楼、幼儿园、广场…… \end{cases}$

（2）专业—工程项目分类法：以工程项目为基础，结合工程项目的专业特点进行分类，如交通、设备、电气等。例如：

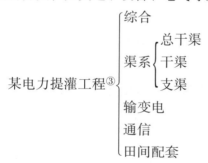

（3）设计阶段分类法：按照建设项目的进展阶段进行分类，如设计阶段、施工阶段、竣工阶段等。

（4）流域（水系）—工程项目分类法：以工程项目为基础，结合其所在的流域进行分类。

除此之外，常见的分类方法还有合同分类法。

---

① 中华人民共和国国家档案局：《DA/T 28—2018 建设项目档案管理规范》，国家标准出版社 2018 年版，第 6 页。
② 《科技档案管理学（精品）》，详见 https://www.doc88.com/p-3972162963609.html。
③ 《科技档案管理学（精品）》，详见 https://www.doc88.com/p-3972162963609.html。

3.3.2 组卷

案卷一般由软封面、卷内目录、归档文件材料、卷内备考表构成。组卷要遵循文件材料的形成规律和成套性特点，保持卷内文件材料的有机联系，便于保管和利用。

基建档案常见的组卷方法有两种，一是按子项组卷，二是按阶段组卷。在区分前期准备、设计、施工、竣工、使用维护等阶段的基础上，分问题内容保管期限进行组卷。如果一项工程的文件材料形成数量比较少，可以一个阶段组一卷或一个阶段组成若干卷。购买公有住房形成的档案材料应按户立卷，一户一卷。

具体的组卷方式有：项目前期文件、项目管理文件按事由结合时间顺序组卷；招标投标、合同文件按招标的标段、合同组卷；勘察设计文件按阶段、专业组卷；施工技术文件按单位工程、分部工程或装置、阶段、结构、专业组卷；信息系统开发文件按应用系统组卷；监理（监造）文件按监理（监造）的合同标段、事由结合文种组卷；科研项目文件按科研项目（课题）组卷；生产准备、试运行、竣工验收文件按工程阶段事由结合时间顺序组卷。[6]

3.3.3 卷内文件排列

排列是指分类组卷后同一案卷内文件材料的排列。排列应遵从文件形成规律，保持文件间的有机联系，便于查找和利用。卷内文件排列通常是按照科技文件材料编制时形成的目录进行的。在科技文件材料没有目录或原目录不能适应组卷的排列时，需要对其重新排列。

案卷内管理性科技文件材料按问题、时间或重要程度排列。一般来说，文件材料按照文字材料在前、图表材料在后，批复在前、请示在后，正文在前、底稿在后，有译文的外文资料译文在前、原文在后的原则进行排列。此外，一般印件在前、定稿在后，正件在前、附件在后。图纸目录按图纸的原目录图号排列，没有图纸目录的先排总平面布置图，后排局部图，按图纸类别序号排列，即按照地质图、初步设计图、建筑施工图、结构施工图、水工图、电器图、管图、更改图的顺序进行排列。

具体排列方式：建设项目类案卷宜按项目前期、项目设计、项目施工、项目监理、项目竣工、项目验收及项目后评估等阶段排列；项目前期文件、项目管理性文件按主题（事由）排列；施工文件按综合管理、施工技术支撑、施工（安装）记录、检测试验、评定验收排列；监理（监造）文件按依据性、工作性文件顺序排列；信息系统开发文件按需求、设计、实施、测试、运行、验收排列。[7]

3.3.4 编目

3.3.4.1 编制卷内文件材料页号或件号

为巩固卷内科技文件材料的排列顺序，保管、利用和统计卷内文件材料的数量，案卷内文件材料以件为单位编写页号，以有效内容的页面为一页，如图 3.1 所示。已有页号的文件可不重新编写页号。案卷封面、卷内目录（含原有图样目录）、卷内备考表不编写页号。[8]

单面书写的科技文件材料在右下角编写页号；双面书写的科技文件材料，正面在右下角、背面在左下角编写页号。图样页号编写在折叠后的图纸右下角标题栏外。成套图样或印刷成册的文件材料，自成一卷的，原目录可代替卷内目录，不必重新编写页号；与其他文件材料组成卷的，应排在卷内文件材料最后，将其作为一份文件材料填写卷内目录，不必重新编写页号，页号栏中注明首尾页数。[9]

对不装订的文件材料或已成册中每份文件的编号，方法是在每份文件或图纸的右上角加盖档号章，并填写档号、序号。将原来图纸目录作为卷内目录者，则卷内目录不必编页码。如果重新编制卷内目录，则原图纸目录作为一份文件装订，并在首页加盖档号章，档号章如图 3.2 右上角所示。

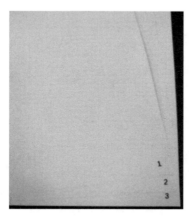

图 3.1　编制档案文件材料页号

图 3.2　加盖档号章的档案文件材料

3.3.4.2 案卷封面编制

案卷封面既揭示案卷内的文件材料基本情况，又起着保护卷内文件材料的作用。案卷封面可采用案卷外封面（卷盒）和案卷内封面（软卷皮）两种形式。

案卷内封面排列在卷内目录之前。案卷封面如图 3.3 所示，内容项目有①：

（1）案卷题名。题名应简明、准确地揭示卷内基建文件材料的内容。基建档案的案卷题名由工程项目名称、文件材料的内容特征（如结构、阶段的名称）、文件材料的文种（报告、批复等）三部分构成。例如，某某市智能交通管理指挥中心项目立项、建设用地、征地、拆迁的请示、批复、函，"某某市智能交通管理指挥中心项目"是项目名称，"立项、建设用地、征地、拆迁"是文件材料内容特征，"请示、批复、函"是文件材料的文种。房屋产权类档案的案卷题名一般由户名、房屋地址、文件名称三部分组成，例如"某某某购买某某路一街一巷 601 房的申请书、协议书、房产证"。

（2）立卷单位。填写负责基建文件材料组卷的部门或单位，如某某市建筑集团有限公司。

（3）起止日期。应填写案卷内基建文件形成的开始和结束的时间——年、月、日（年度应填写四位数字）。

（4）保管期限。应填写组卷时依照有关规定划定的保管期限。

（5）密级。应填写卷内基建文件材料的最高密级，如无则可不填。

（6）档号。由全宗号、分类号（或项目代号或目录号）、案卷号组成。档号的编制与机关、企业和学校等不同性质单位制定的基建项目档案的分类方案有关，如图 3.4 至图 3.6 所示的机关、企业、学校的基建项目档号的编制方法。需向档案馆移交的档案，其全宗号由负责接收的档案馆确定；分类号应根据本单位分类方案设定的类别号确定；项目代号由所反映的项目代号确定；目录号填写目录编号；案卷号应填写基建档案按一定顺序排列后的流水号。

图 3.3　案卷封面示例

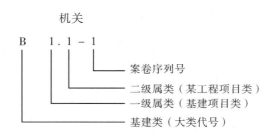

图 3.4　机关单位基建项目档号编制方法

---

①　中华人民共和国国家档案局：《GB/T 11822—2008 科学技术档案案卷构成的一般要求》，国家标准出版社 2008 年版，第 2 页。

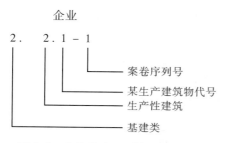

图 3.5 企业基建项目档号编制方法

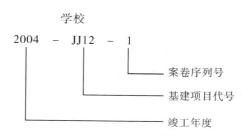

图 3.6 学校基建项目档号编制方法

3.3.4.3 案卷脊背编制

案卷脊背印制在卷盒侧面，案卷题名、保管期限、档号与 3.3.4.2 案卷封面编制部分的填写方法相同，案卷脊背项目可根据需要选择填写。（表 3.4）

表 3.4 案卷脊背式样

| 保管期限 |
| 档号 |
| 案卷题名 |

（表源：GB/T 11822—2008 科学技术档案案卷构成的一般要求）

3.3.4.4 编制卷内文件目录

卷内文件目录是卷内科技文件材料内容和数量的清单，是体现文件题名及文件编号、责任者、日期等其他特征并固定文件材料排列次序的表格。卷内文件目录通常排列在卷内文件首页之前，其作用是统计卷内文件材料数量，以便于查

用、保护卷内文件材料。卷内文件目录如表3.5所示,包括[①]:

（1）序号：应依次标注卷内文件的排列顺序,用阿拉伯数字从1起依次标注卷内文件材料的顺序。

（2）文件编号：填写文件文号、图样图号、项目代号等。

（3）责任者：应填写文件形成者或第一责任者。

（4）文件题名：即文件标题,填写科技文件材料标题的全称。文件没有题名的,应由立卷人根据文件内容拟写题名。

（5）日期：填写文件的形成时间——年、月、日。

（6）页数：填写文件的总页数。

（7）备注：可根据实际填写需要注明的情况。

（8）档号：填写方法与3.3.4.2第（6）条相同。

表3.5 卷内目录式样

档号			卷内目录			
序号	文件编号	责任者	文件题名	日期	页数	备注

（表源：GB/T 11822—2008 科学技术档案案卷构成的一般要求）

3.3.4.5 填写卷内备考表

卷内备考表应标明案卷内全部文件总件数、总页数以及组卷和案卷提供使用中需要说明的问题。如卷内科技文件材料完整、准确状况的说明,文件材料内容、成分、数量的记载以及该案卷在管理中的变化情况,由科技档案部门填写。备考表是卷内文件状况的记录单,排列在卷内全部文件之后或直接印制在卷盒内

[①] 中华人民共和国国家档案局：《GB/T 11822—2008 科学技术档案案卷构成的一般要求》,国家标准出版社2008年版,第3页。

底面。卷内备考表如图 3.7 所示,包括以下几个部分①:

(1) 立卷人:由负责立卷的相关人员签名。

(2) 立卷日期:填写完成立卷的时间。

(3) 检查人:由案卷质量审核者签名。

(4) 检查日期:填写案卷质量审核的时间。

(5) 互见号:应填写反映同一内容不同载体档案的档号,并标明其载体类型。如本卷全为图纸,电子版刻录至档号为 A2.2.G-3 的光盘上,则互见号为 A2.2.G-3。

(6) 档号,填写方法与 3.3.4.2 第(6)条相同。

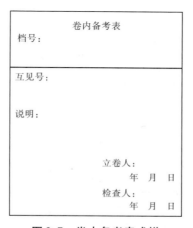

图 3.7 卷内备考表式样

(图源:GB/T 11822—2008 科学技术档案案卷构成的一般要求)

3.3.4.6 案卷目录编制

案卷目录如表 3.6 所示,内容主要包括:②

(1) 序号,应填写登录案卷的流水顺序号。

(2) 档号、案卷题名、保管期限与 3.3.4.2 填写方法相同。

(3) 总页数,应填写案卷内全部文件的页数之和。

(4) 备注,可根据管理需要填写案卷的密级、互见号或存放位置等信息。

---

① 中华人民共和国国家档案局:《GB/T 11822—2008 科学技术档案案卷构成的一般要求》,国家标准出版社 2008 年版,第 3 页。

② 中华人民共和国国家档案局:《GB/T 11822—2008 科学技术档案案卷构成的一般要求》,国家标准出版社 2008 年版,第 3 页。

表 3.6　案卷目录式样

案卷目录					
序号	档号	案卷题名	总页数	保管期限	备注

（表源：GB/T 11822—2008 科学技术档案案卷构成的一般要求）

3.3.5　案卷装订

　　档案案卷可采用装订和不装订两种形式。基建档案的文件材料需要装订的部分，按归档要求采用"三孔一线"的办法装订。装订前要拆除文件上的金属物，破损和不符合 A4 或 16 开规格的文件要先修复和折叠，对有文字是在文件装订线上的，应予以粘贴，补宽装订边，粘贴文件和封面要用乳胶。案卷不装订时，其文件材料要按照卷内目录的次序有序排列，并在每份（件）文件材料的首页加盖"档号章"。[10]

　　图纸可以装订，也可以不装订。对不装订的图纸，需要在每张图纸右下角（标题栏外）加盖档案号章。对于成册的设计图纸（蓝图），如果规格过大可以整本对折置入盒内。图纸应按 A4 幅面规格大小折叠，图标外露，图面向内，手风琴式折叠，保持折叠方法一致，如图 3.8、图 3.9 所示，详细折叠方法见 GB/T 10609.3。如果该法未解决问题，还可以订制专用档案盒。散件的图纸需单独组卷，不用装订，但要装入独立的厚度适宜的档案盒中，以盒为卷，填写盒面项目，放备考表。散件的图纸和文字材料组成一卷时一定要装订。底图不能装订，也不能折叠，组卷后一般是装在大牛皮纸袋中平放于专用底图柜中保存，或卷成筒装入硬纸筒保存，并另外编制底图目录。

图 3.8　图纸折叠侧面

图 3.9　图纸折叠示例

3.3.6　案卷装盒、表格规格及其制成材料

案卷装盒：将装订好的案卷或者图纸装入厚度适宜的档案盒，相邻的若干案卷可以置于同一盒内，直至盒满为止。底图放入专业底图柜保管，采用平放或卷放两种方式。

卷盒外表面规格为 310 mm×220 mm，脊背厚度可根据需要设定，卷盒宜采用 220 g 以上的单面无酸牛皮纸板双裱压制，如图 3.10 所示。案卷目录、卷内目录、卷内备考表表格规格为 297 mm×210 mm，表格宜采用 70 g 以上的白色书写纸制作，字迹应清晰端正。[11]

图 3.10　档案装具

3.3.7 竣工图编制[12]

工程竣工时编制的竣工图一般由施工单位负责。竣工图应做到完整、准确、规范、清晰、修改到位，真实反映项目竣工时的实际情况。竣工图应依据工程技术规范按单位工程、分部工程、专业编制，并配有竣工图编制说明和图纸目录。竣工图编制应说明竣工图涉及的工程概况、编制单位、编制人员、编制时间、编制依据、编制方法、变更情况、竣工图张数和套数等，竣工图章如表3.7所示。

表3.7 竣工图章式样

竣工图章		
编制单位		
编制人	技术负责人	编制日期
监理单位		
专业监理工程师		审核日期

（表源：DA/T 28—2018 建设项目档案管理规范）

（1）竣工图的变更。按施工图施工没有变更的，由竣工图编制单位在施工图上逐张加盖并签署竣工图章。凡一般性图纸变更且能在原施工图上修改补充的，可直接在原图上修改，并加盖竣工图章。在修改处应注明修改依据文件的名称、编号和条款号，无法用图形、数据表达清楚的，应在图框内用文字说明。

（2）重新绘制竣工图。有以下三种情况之一的应该重新绘制竣工图：①涉及结构形式、工艺、平面布置、项目等重大改变；②图面变更面积超过20%；③合同约定对所有变更均需重绘或变更面积超过合同约定比例。重新绘制竣工图按原图编号，图号末尾加注"竣"字，或在新图标题栏内注明"竣工阶段"。重新绘制竣工图图幅、比例和文字大小及字体应与原图一致。施工单位重新绘制的竣工图，标题栏应包含施工单位名称、图纸名称、编制人、审核人、图号、比例尺、编制日期等标识项，并逐张加盖监理单位相关责任人审核签字的竣工图审核章。

（3）竣工图审核。竣工图编制完成后，监理单位要对竣工图编制的完整、准确、系统、规范情况进行审核，竣工审核图章的内容应该填写齐全、完整，由相关负责人签字，不得代签，如表3.8所示。涉外项目，外方提供的竣工图应该有外方相关负责人签字确认。

（4）竣工图套数。竣工图套数应满足建设单位、运行管理单位、有关部门或项目主管单位的需要，按照合同条款规定或有关规定执行。

表 3.8 竣工图审核章式样

竣工图审核章		
监理单位	专业监理工程师	审核日期

（表源：DA/T 28—2018 建设项目档案管理规范）

3.3.8 基建档案的移交

竣工验收后，建设单位应按有关规定向运行管理单位及其他有关单位办理档案移交，移交包括纸质档案、声像档案、电子档案等各种载体类型的档案。

基建档案的移交应以系统、完整为基本原则。一般来说，凡是签订合同的基建项目，应在正式通过项目验收后 3 个月内移交企业内部形成的基建档案，可由项目主办部门按季度汇总统一向企业档案部门移交，不应零散移交，避免档案缺漏。① 基建项目档案移交时，应办理档案移交手续，注明档案移交的内容、数量、图纸张数等，并有完备的清册、签字等交接手续。

基建电子档案移交应参照《电子档案移交与接收办法》的有关规定执行。

停、缓建的项目，档案由建设单位负责保存；建设单位撤销的，基建档案应由项目主管部门或有关档案机构移交。[13]

3.3.9 基建档案排架

由于项目基建档案有一个不断积累的过程，上架的时候换另一类时要另起排列或每一类后要留出相应的空间，以便存放新增加的档案，所以档案排架应按最小类目排列。建设单位档案机构依据项目档案分类方案对全部项目档案统一汇总整理和排列上架。记录工程的音像档案，宜先与该单位工程的纸质档案统一编号，再与其他音像档案集中存放保管。（图 3.11）

---

① 刘辉：《城市轨道交通企业档案管理理论与实务》，中国劳动社会保障出版社 2018 年版，第 32 页。

图 3.11　基建档案排架

3.3.10　基建档案保管

建设单位和参建单位应为项目档案的安全保管提供必要的设施设备，确保档案安全。建设单位档案库房应符合防火、防盗、防水、防潮、防高温、防紫外线照射、防尘、防有害生物（霉菌）的要求。档案管理机构应建立档案库房管理制度，加强日常库房管理。[14]

基建档案保管应符合以下要求：[15]

（1）防高温、防潮。档案库房温度控制在 14～24 ℃，每昼夜波动幅度不大于 ±2 ℃；相对湿度控制在 45%～60% 之间，每昼夜波动幅度不大于 ±5%。

（2）防日光直射和紫外线照射。采用人工照明时，宜选白色防爆的白炽灯。

（3）防有害生物。档案库房应尽量将温湿度控制在标准范围，档案箱柜内应放置防虫、防霉药品，并及时更换。

（4）防尘、防污染。档案库房及箱柜保持整洁、无灰尘，箱柜、地面要用吸尘器、拧干的抹布、拖把清洁。

（5）防火。档案库房应配置消防器材，采用气体或干粉型，并定期检查更换。

参考文献

［1］中华人民共和国国家档案局. DA/T 28—2018 建设项目档案管理规范［S］. 北京：国家标准出版社，2018：7.

［2］中华人民共和国国家档案局. DA/T 28—2018 建设项目档案管理规范［S］. 北京：国家标准出版社，2018：5.

［3］基建档案整理讲义［EB/OL］. (2020 - 01 - 03)［2021 - 8 - 10］. https://wenku. baidu. com/view/e4d84f8a86c24028915f804d2b160b4e777f815f. html.

［4］ 基建档案整理讲义［EB/OL］.（2020-01-03）［2021-8-10］. https://wenku. baidu. com/view/e4d84f8a86c24028915f804d2b160b4e777f815f. html.

［5］ 基建档案整理讲义［EB/OL］.（2020-01-03）［2021-08-10］. https://wenku. baidu. com/view/e4d84f8a86c24028915f804d2b160b4e777f815f. html.

［6］ 中华人民共和国国家档案局. DA/T 28—2018 建设项目档案管理规范［S］. 北京：国家标准出版社，2018：6.

［7］ 中华人民共和国国家档案局. DA/T 28—2018 建设项目档案管理规范［S］. 北京：国家标准出版社，2018：6.

［8］ 中华人民共和国国家档案局. GB/T 11822—2008 科学技术档案案卷构成的一般要求［S］. 北京：国家标准出版社，2008：2.

［9］ 中华人民共和国国家档案局. GB/T 11822—2008 科学技术档案案卷构成的一般要求［S］. 北京：国家标准出版社，2008：2.

［10］ 基建档案整理要求［EB/OL］.（2019-02-06）［2021-8-10］. https://wenku. baidu. com/view/3f6e9459ec630b1c59eef8c75fbfc77da26-997ab. html.

［11］ 中华人民共和国国家档案局. GB/T 11822—2008 科学技术档案案卷构成的一般要求［S］. 北京：国家标准出版社，2008：4.

［12］ 中华人民共和国国家档案局. DA/T 28—2018 建设项目档案管理规范［S］. 北京：国家标准出版社，2018：6.

［13］ 中华人民共和国国家档案局. DA/T 28—2018 建设项目档案管理规范［S］. 北京：国家标准出版社，2018：9.

［14］ 中华人民共和国国家档案局. DA/T 28—2018 建设项目档案管理规范［S］. 北京：国家标准出版社，2018：7.

［15］ 档案室建设标准及要求［EB/OL］.［2020-11-20］. http://clocin. com/p-2501034610. html.

附录　建设项目文件归档范围和保管期限表

（DA/T 28—2018 建设项目档案管理规范　附录 B）

序号	归档文件	保管期限
1	立项文件	
1.1	项目策划、筹备文件	永久

（续上表）

序号	归档文件	保管期限
1.2	项目建议书、预可行性研究报告、可行性研究报告、初步设计及投资概算审批文件	永久
1.3	项目咨询、评估、论证文件	永久
1.4	项目审批、核准、备案申请报告及批复、补充文件、项目变更调整文件	永久
1.5	项目规划选址、环境影响、水土保持、职业安全卫生、节能、消防、建设用地用海、文物、地震安全性评价、压覆矿产资源、林地、水资源等专项报审和批复文件	永久
1.6	水、暖、电、气、通信、排水等审批、配套协议	永久
1.7	大宗原材料、燃料供应等协议	永久
2	招标投标、合同协议文件	
2.1	招标计划及审批文件，招标公告、招标书、招标修改文件、答疑文件、招标委托合同、资格预审文件	30 年
2.2	中标的投标书、澄清、修正补充文件	永久
2.3	未中标的投标文件（或作资料保存）	10 年（或项目审计完成）
2.4	开标记录、评标人员签字表、评标纪律、评标办法、评标细则、打分表、汇总表、评审意见	30 年
2.5	评标报告、定标文件、中标通知书	永久
2.6	市场调研、技术经济论证采购活动记录、谈判文件、询价通知书、响应文件，供应商的推荐、评审、确定文件，政府采购、竞争性谈判、单一来源采购协商记录、质疑答复	30 年
2.7	合同准备、谈判、审批文件，合同书，协议书，合同执行、合同变更、合同索赔、合同了结文件、合同台账	永久
3	勘察、设计文件	
3.1	工程选址，地质、水文勘察报告，地质图，地形图，化验、试验报告，重要土、岩样及说明	永久
3.2	地形、地貌、控制点、建筑物、构筑物及重要设备安装测量定位、观测监测记录	永久
3.3	气象、地震等其他设计基础资料	永久
3.4	总体规划论证、审批文件	永久

（续上表）

序号	归档文件	保管期限
3.5	方案论证、设计及审批文件	永久
3.6	技术设计审查文件、招标设计报告及审查文件	永久
3.7	施工图设计审查文件、供图计划	永久
6.1.2	施工组织设计、施工方案及报审文件，施工计划、施工技术及安全措施、施工工艺及报审文件	永久
6.1.3	工地实验室成立、资质、授权文件，外委试验协议、资质文件，原材料及构配件出厂证明、质量鉴定、复试报告及报审文件，试验检验台账	永久
6.1.4	见证取样记录，砂浆、混凝土试验记录及报告，钢筋连接接头试验报告，工艺试验方案、试验成果报告，锚杆检测报告、地基承载力检测记录及报告、压实度检测记录及报告、桩身及桩基检测报告，防水渗漏试验检查记录、节能保温测试记录、室内环境检测等技术试验检测记录和报告，成品及半成品试验检验台账等。	永久
6.1.5	设计变更通知、变更洽商单、材料代用核定审批、技术核定单、工程联系单、备忘录、工程变更台账	永久
6.1.6	交桩记录，施工定位、测量放线记录及报审文件	永久
6.1.7	施工勘察报告、岩土试验报告、地基验槽记录、工程地基处理记录等	永久
6.1.8	各类工程记录及测试、监测记录、报告	永久
6.1.9	质量检查、评定文件，事故处理报告、缺陷处理记录及台账	永久
6.1.10	隐蔽工程检查验收记录、交工验收记录、验收评定、验收评定台账	永久
6.1.11	竣工图及竣工图编制说明	永久
6.1.12	施工日志、月报、年报，大事记	30年
6.1.13	施工总结、完工报告、交工报告、验收证书、遗留问题清单	永久
6.1.14	施工音像材料	永久
6.2	设备及管线安装施工文件	
6.2.1	施工项目部组建、印章启用、人员任命文件，进场人员资质报审文件，施工设备仪器进场报审文件，设备仪器校验、率定文件，开工报告、项目划分、工程技术要求、永久技术（安全）交底、图纸会审文件	永久

(续上表)

序号	归档文件	保管期限
6.2.2	施工组织设计、施工方案及报审文件，施工计划、施工技术及安全措施、施工工艺及报审文件	永久
6.2.3	工地实验室成立、资质、授权文件，外委试验协议、资质文件，原材料及构配件出厂证明、质量鉴定、复试报告及报审文件，试验检验台账	30 年
6.2.4	设计变更通知、变更洽商单、材料、零部件、设备代用审批、技术核定单、工程联系单、备忘录、工程变更台账	永久
6.2.5	焊接工艺评定报告、焊接试验记录、报告，施工检验记录、报告，探伤检测、测试记录、报告，管道单线图（管段图）	永久
6.2.6	强度、密闭性等试验检测记录、报告，联动试车方案、记录、报告	30 年
6.2.7	隐蔽工程检查验收记录、交工验收记录、验收评定、验收评定台账	永久
6.2.8	管线标高、位置、坡度测量记录	永久
6.2.9	管线清洗、试压、通水、通气、消毒等记录	30 年
6.2.10	安装记录、安装质量检查、评定，事故处理报告、缺陷处理记录及台账	永久
6.2.11	竣工图及竣工图编制说明	永久
6.2.12	施工日志、月报、年报，大事记	30 年
6.2.13	施工总结、完工报告、交工报告、验收证书、遗留问题清单	永久
6.2.14	施工音像材料	永久
6.3	电气、仪表安装施工文件	
6.3.1	施工项目部组建、印章启用、人员任命文件，进场人员资质报审文件，施工设备仪器进场报审文件，设备仪器校验、率定文件，开工报告、项目划分、工程技术要求、技术（安全）交底、图纸会审文件	永久
6.3.2	施工组织设计、施工方案及报审文件，施工计划、施工技术及安全措施、施工工艺及报审文件	永久
6.3.3	工地实验室成立、资质、授权文件，外委试验协议、资质文件，原材料及构配件出厂证明、质量鉴定、复试报告及报审文件，试验检验台账	30 年

(续上表)

序号	归档文件	保管期限
6.3.4	设计变更通知、变更洽商单、材料、零部件、设备代用审批、技术核定单、工程联系单、备忘录、工程变更台账	永久
6.3.5	绝缘、接地电阻等性能测试、校核	30 年
6.3.6	材料、设备明细表及检验记录、施工安装记录、质量检查评定、电气试验检验台账	永久
6.3.7	系统调试方案、记录、报告，电气装置交接记录	30 年
6.3.8	交工验收记录、质量评定、验收评定台账、事故处理报告、缺陷处理记录及台账	永久
6.3.9	竣工图及竣工图编制说明	永久
6.3.10	施工日志、月报、年报，大事记	30 年
6.3.11	施工总结、完工报告、交工报告、验收证书、遗留问题清单	永久
6.3.12	施工音像材料	永久
7	信息系统开发文件	
7.1	设计开发文件	
7.1.1	需求调研计划、需求分析、需求规格说明书、需求评审	30 年
7.1.2	设计开发方案、概要设计及评审、详细设计及评审文件	30 年
7.1.3	数据库结构设计、编码计划、代码编写规范、模块开发文件信息资源规划、数据库设计、应用支撑平台、应用系统设计、网络设计、处理和存储系统设计、安全系统设计、终端、备份、运维系统设计文件	30 年
7.1.4	信息系统标准规范	10 年
7.2	实施文件	
7.2.1	实施计划、方案及批复文件，源代码及说明、代码修改文件、网络系统、二次开发支持文件、接口设计说明书	30 年
7.2.2	程序员开发手册、用户使用手册、系统维护手册	30 年
7.2.3	安装文件、系统上线保障方案、测试方案及评审意见、测试记录、报告，试运行方案、报告	30 年
7.3	信息安全评估、系统开发总结、验收交接清单、验收证书	30 年
8	设备文件	
8.1	工艺设计、说明、规程、试验、技术报告	永久

（续上表）

序号	归档文件	保管期限
8.2	自制专用设备任务书、设计、检测、鉴定	永久
8.3	设备设计文件、出厂验收、商检、海关文件	永久
8.4	设备、材料装箱单、开箱记录、工具单、备品备件单	30年
8.5	设备台账、备品备件目录、设备图纸，设备制造检验检测、出厂试验报告、产品质量合格证明、安装及使用说明、维护保养手册	永久
8.6	设备制造探伤、检测、测试、鉴定的记录、报告	永久
8.7	设备变更、索赔文件	永久
8.8	设备质保书、验收、移交文件	永久
8.9	特种设备生产安装维修许可、监督检验证明、安全监理文件	永久
8.10	设备运行使用、检修维护文件	永久
9	监理文件	
9.1	监理（监造）项目部组建、印章启用、监理人员资质，总监任命、监理人员变更文件	永久
9.2	施工监理文件	
9.2.1	监理大纲、监理规划、监理实施细则	永久
9.2.2	施工单位资质报审，施工管理人员、特种作业人员报审，施工设备仪器报审	永久
9.2.3	施工组织设计、施工方案、专项措施报审，施工计划进度、延长工期报审，开工、复工报审，开工令、暂停令、复工令	永久
9.2.4	原材料、构配件、设备报验	30年
9.2.5	单元工程检查及开工签证、分部分项工程质量验收，混凝土开盘鉴定（开仓签证）、混凝土浇灌申请批复	30年
9.2.6	监理检查、复检、实验记录、报告	30年
9.2.7	旁站记录、见证取样、平行检验、抽检文件，质量缺陷、事故处理、安全事故报告	永久
9.2.8	测量控制成果报验及复核文件，质量、施工文件等检查报验，质量检查评估报告、阶段验收、竣工验收监理文件	永久
9.2.9	工程计划、实施、分析统计、完成报表	30年
9.2.10	工程计量、支付审批、工程变更审查、索赔文件	永久

（续上表）

序号	归档文件	保管期限
9.2.11	监理通知单、回复单、工作联系单，来往函件	永久
9.2.12	监理例会、专题会等会议纪要、备忘录	永久
9.2.13	监理日志、月报、年报	30 年
9.2.14	监理工作总结、质量评估报告、专题报告	永久
9.3	设备监造文件	
9.3.1	监理大纲、监理规划、监理实施细则	永久
9.3.2	设备制造单位质量管理体系报审，设备制造的计划、延长工期报审，开工、复工报审，工艺方案、控节点、检验计划报审	30 年
9.3.3	原材料、外购件等质量证明文件报审，分包单位资格报审文件，试验、检验记录及报告	30 年
9.3.4	开工令、暂停令、复工令	永久
9.3.5	监造通知单、回复单、工作联系单，来往函件	永久
9.3.6	变更报审	永久
9.3.7	关键工序、零部件旁站记录、见证取样、平行检验、独立抽检文件	30 年
9.3.8	质量缺陷、事故处理、安全事故报告	永久
9.3.9	设备制造支付、造价调整、结算审核、索赔文件	永久
9.3.10	监造例会、专题会会议纪要、备忘录，来往文件、报告	永久
9.3.11	设备出厂验收、交接文件	永久
9.3.12	监造日志、月报、年报	永久
9.3.13	设备监造工作总结、专题报告	永久
9.4	监理（监造）工作音像材料	永久
10	科研项目文件	
10.1	科研项目（技术咨询服务）立项文件，科研项目计划、批准文件	永久
10.2	科研项目（技术咨询服务）合同、协议、任务书	永久
10.3	研究方案、计划、调查研究、开题报告	永久
10.4	试验方案、记录、图表、数据、照片、音像	永久
10.5	实验计算、分析报告、阶段报告	永久
10.6	实验装置及特殊设备图纸、工艺技术规范说明书	30 年

(续上表)

序号	归档文件	保管期限
10.7	实验操作规程、事故分析报告	30年
10.8	技术评审、考察报告、研究报告、结题验收报告，会议文件	永久
10.9	成果申报、鉴定、获奖及推广应用材料	永久
10.10	获得的专利、著作权等知识产权文件	永久
11	生产技术准备、试运行文件	
11.1	技术准备计划、方案及审批文件	永久
11.2	试生产、试运行管理、技术规程规范	30年
11.3	试生产、试运行方案、操作规程、作业指导书、运行手册、应急预案	30年
11.4	试车、验收、运行、维护记录	30年
11.5	试生产产品质量鉴定报告	30年
11.6	缺陷处理、事故分析记录、报告	永久
11.7	试生产工作总结、试运行考核报告	永久
11.8	技术培训材料	10年
11.9	产品技术参数、性能、图纸	永久
11.10	环保、水保、消防、职业安全卫生等运行检测监测记录、报告	10年
12	竣工验收文件	
12.1	项目各项管理工作总结	永久
12.2	设计工作报告、监理工作报告、施工管理报告、采购工作报告、总承包管理报告、建设管理报告、运行管理报告	永久
12.3	项目安全鉴定报告、质量检测评审鉴定文件、质量监督报告	永久
12.4	同行评估报告、阶段验收文件	永久
12.5	环境保护、水土保持、消防、职业安全卫生、档案、移民安置、规划、人防、防雷等专项验收申请及批复文件，决算审计报告	永久
12.6	竣工验收大纲、验收申请、验收报告	永久
12.7	验收组织机构、验收会议文件、签字表，验收意见、备忘录、验收证书	永久
12.8	验收备案文件、运行申请、批复文件、运行许可证书	永久
12.9	项目评优报奖申报材料、批准文件及证书	永久
12.10	项目后评价文件	永久
12.11	项目专题片、验收工作音像材料	永久

第 4 章　设备档案整理

知识目标

（1）掌握设备档案的概念及特点。
（2）掌握设备档案的归档范围、时间及要求。

能力目标

（1）能对设备档案进行分类。
（2）能根据规范进行设备档案的整理实操。

案例导入

国内某车辆生产公司的机械车间里多台进口机床因使用周期长、老化严重的问题，使用过程中极易出现故障。为了节省维修资金且不影响生产进度，该公司决定对这些老旧机床进行改造。为了开展这项工作，有关人员对这些机床自购置起的所有设备档案进行查阅，包括机床备件表、维修记录、电路原理图等资料，最后成功实现了这批机床的改造，也为企业带来了良好的经济效益。

案例解析

设备档案整理的复杂之处在于其形成与设备的各个生命阶段密切相关，每一个型号的设备档案都独立成套，材料多且繁琐。设备档案无论是收集还是整理难度都很大，但其往往在单位的资产清点、设备维保等工作的开展中发挥极其重要的作用。因此，前期的收集整理工作十分重要，各单位都应当加强设备档案的管理，尤其是整理环节的工作，以便于设备档案日后提供利用，发挥应有的价值。

4.1 设备档案的概念

设备是机构生产经营的物质技术支撑。设备档案是企业档案的重要组成部分，其与基建、科研、产品档案等同属科技档案。本书从表现形式和形成过程两个维度界定了设备档案的概念。从表现形式上来看，设备档案是机构日常各类设备管理中形成的具有保存备考价值的记录，具有成套性、技术性特点，即同一型号类型的设备或仪器形成的档案有机体。从形成过程来看，设备档案是各种设备仪器在规划、设计、制造、安装、调试、使用、维修、更新、销毁中形成的图纸、说明、凭证和记录等文字、图片、声像等载体记录。

4.2 设备档案的特点

设备档案除了具有独特的技术性特点外，还具有综合性、成套性、动态性、多样性特点。

4.2.1 综合性

设备档案的综合性特点主要体现在其形成部门和管理流程的综合性上。设备档案形成部门的综合性表现为设备档案的形成部门往往涉及设备的规划、设计、安装、调试、运行、验收、再安装调试、管理、维护、更新、报废等多个部门，设备档案是上述部门综合形成的有价值的备考、凭证记录。设备档案管理流程的综合性体现为设备的购置、使用、管理、报废涉及不同业务部门的流转、使用、处理的流程，设备档案反映了上述过程不断更新的信息或数据，因此，管理设备档案需要综合了解各部门形成的文件的类型、内容及设备在各业务流程中的功用、使用范围，以确保归档质量。

4.2.2 成套性

设备档案通常是围绕某一型号设备形成的，具有明显的成套性特征。同一生产型号的设备形成的档案具有相同的型号标识，且符合统一、规范的管理要求。如某一型号除湿机的设计资料、购置资料、随机附带的文件、设备图册、说明文件、合格证、安装记录、运行记录等具有成套性特点。所有设备从购置、使用到最终报废的整个过程形成的文件材料构成了该台除湿机成套的设备档案。

4.2.3 动态性

设备在长期使用中必定会形成相关的调试、使用、管理、检修及更新记录。较之其他档案如基建档案等，设备档案具有较强的动态性特点。这是因为基建档案在项目竣工后基本处于稳定状态，而设备档案则会随着设备持续使用不断产生更新。只要设备仍在使用且未最终报废，就会有新的设备档案形成，即设备档案会动态增加。设备档案管理包含了静态的管理过程和动态的管理过程。

4.2.4 多样性

设备的复杂性特点决定了相关设备档案的多样性特点。影响设备档案多样性的因素主要与设备的使用机构、使用需求、使用情况密切相关。设备档案的类型可以进行如下划分：

（1）按设备来源可分为购置设备档案、自制设备档案、进口设备档案等。
（2）按设备的应用行业可分为机械动力设备档案、轻化工设备档案等。
（3）按设备的重要程度可分为重要设备档案和一般设备档案。
（4）按设备的使用性质可分为通用设备档案和专用设备档案。

随着数字技术的发展，机构设备信息化、自动化的提升，除了传统的纸质载体设备档案外，以磁盘阵列、移动硬盘等载体为存储介质的数字化设备档案将持续增加。[1]

4.3 设备档案的形成和归档

设备档案的形成具有阶段性特征，设备使用的不同阶段会形成与之相关的各类设备文件材料。设备文件材料在归档范围、归档时间、归档要求上原则上需根据档案主管部门和行业的有关规定，结合本单位固定资产管理的要求，以设备仪器的购置价格、技术等级、重要程度等来设定，具体可参考以下规定：

（1）《机关文件材料归档范围和文书档案保管期限规定》（国家档案局8号令）。
（2）《企业文件材料归档范围和档案保管期限规定》（国家档案局10号令）。
（3）《科学技术档案案卷构成的一般要求》（GB/T 11822—2008）。

4.3.1 设备档案的形成阶段

设备档案是伴随设备运行、调试、维修、记录等不同使用阶段持续积累形成的。因此，根据设备的产生及使用，设备档案的形成阶段具体可划分为购置阶段、验收与调试阶段、使用与维修阶段、更新与改造阶段。[2]

4.3.1.1 购置阶段

购置阶段主要是指设备的选择与购买阶段、设备的设计生产等环节。该阶段形成相关待归档的设备文件材料包括：购置、引进设备的报批文件材料；市场调查、设备选购等方面的文件材料；设备设计的文件材料；设备购货或引进的申请书、协议书、合同等文件材料。

4.3.1.2 验收与调试阶段

验收与调试阶段是设备购置后的验收确认、安装以及调试设备是否正常运行的环节。验收设备时，首先需进行开箱，形成的设备文件材料包括设备随机附带的，如使用说明、操作手册、规格说明书、相关索赔、售后、"三包"服务的文件材料，还包括设备验收过程中形成的验收确认表、验收记录等。如图4.1所示为部分设备验收与调试阶段形成的待归档的相关使用说明材料。安装调试设备时形成的文件材料有安装设备的技术材料、安装说明、安装记录、调试记录等文件材料。

图4.1 验收与调试阶段待归档相关材料

4.3.1.3 使用与维修阶段

使用与维修阶段是设备正式启动使用后涉及设备维修、更换的阶段。该阶段持续时间较长,形成的与之相关的待归档设备文件材料主要包括设备使用说明、设备使用配套规章制度、设备的使用记录和报告、维修记录、保养记录等。

4.3.1.4 更新与改造阶段

更新改造阶段是设备使用较长时间后,出现设备故障或者老化等情况,需要对设备更新改造或升级的过程。由于更新改造设备的过程较为复杂,该阶段形成的待归档的设备文件材料包括设备改造计划、改造申请书、验收单、设备更新记录及有关图纸,旧设备报废申请书、封存报告单、迁移安装报告、设备调拨单、移交清单、设备处理报告等。

以××实验室氮气压缩机设备为例,其在不同阶段形成的待归档的文件材料如表4.1所示。

(1)设备名称:氮压机。

(2)档案编号:SB–SYS–DYJ–01。

(3)形成设备材料。

表4.1 ××实验室氮气压缩机设备待归档文件材料

序号	材料名称
1	设备设计资料
2	设备购置资料
3	设备随机附带文件
3.1	图册、说明书
3.2	合格证
3.3	装箱清单
3.4	备件目录
3.5	安装规程
4	设备安装技术资料
4.1	安装记录
4.2	试验收记录和总结报告
5	设备运行和使用资料
5.1	设备运行记录
5.2	设备保养和维修记录
5.3	设备检查和事故记录
5.4	设备改造记录和总结
5.5	检修计划、方案和总结

4.3.2　归档范围

由于不同阶段形成的设备文件材料类型复杂、数量众多，并非所有的文件材料都需纳入归档范围，因此，划定设备档案有效的归档范围有利于提升设备档案的归档效率与归档质量。

机构需要归档保存的设备文件材料的范围可包括:[3]

（1）属于机构自制设备或仪器的，自制设备仪器的申请立项及设计过程形成的申请报告、计划、任务书、批复、设计方案、设计说明书、设计图、设计计算数据等文件材料。

（2）购置引进的设备仪器的申请报告、批复、合同、协议、来往信函、图纸和招标、报关等文件材料。

（3）设备仪器开箱检查验收中的随机资料清单，包括装箱清单、出厂合格证、验收单、安装图、原理图、附件图、电子文件、使用维护说明书、售后服务清单等。

（4）设备仪器安装调试的运行记录和检测报告。

（5）设备仪器的操作规程和履历表。

（6）设备仪器的大型和中型维修记录，故障分析处理文件。

（7）设备仪器报废的申请、鉴定材料、批复。

以上为设备档案通常情况下的归档范围，若遇到与其他类别有所交叉的情况，如出现与基建档案难以分离的设备文件材料，应将其归入基建类，如化工装置工程、设备安装工程等。

4.3.3　归档时间

（1）自制设备仪器形成的文件材料在设备仪器鉴定验收并交付使用后一个月内，由自制设备的主办部门整理后归档；维修形成的文件材料，维修结束后一个月内归档；归档保存的文件材料建议一式三套，一套作为设备档案保存，一套作为科研或产品档案保存，一套供查询借阅。

（2）外购设备投入使用后应同时将开箱随机材料交给本单位档案工作人员立卷归档。

（3）所有设备文件材料的原件移交档案室归档，档案室提供复制件使用。

（4）设备文件材料中若有英文或其他语言的需翻译成中文，待翻译工作完成后即归档。①

（5）安装调试形成的文件材料在调试结束后半年内归档。

（6）维修形成的文件材料，维修结束后一个月内归档。

4.3.4　归档要求[4]

（1）归档的设备文件材料必须齐全完整，能全面系统地反映设备从设计制造或购置到使用再到改造的全过程，文件材料中的文字图纸表述必须与设备仪器实体一致。

（2）设备仪器文件材料应字迹清楚，内含图形线条必须标注清晰，图表整洁清晰，签字盖章手续完备，用纸规格符合科技图纸管理的要求。

（3）设备图纸必须清晰，图纸有重大改变或变更部分超过图面1/3的，应当重新绘制。

（4）归档的文件材料应为原件。

机构在进行设备文件材料归档时需严格参照归档要求执行，以保证设备文件材料归档后的质量和规范。

4.3.5　归档注意事项

（1）自制或外购设备的申请未获批准，且相关文件材料又具有保存价值的，如技术数据等，可归入本单位的文书档案保存或归入设备仪器档案的综合类保存，同时在设备档案立卷说明中写明。

（2）随购置设备而来的电子文件（磁盘、光盘等）、照片、录像的归档，可作为该设备档案的一份文件填写"卷内目录"；自制设备或设备管理中形成的电子文件（磁盘、光盘等）、照片、录像的归档，可参考声像档案整理有关要求开展整理归档工作。

---

① 遇到设备文件材料为英文的情况，通常需要先翻译成中文，之后将英文原件与翻译成中文后的翻译件一同归档。

4.4 设备档案的整理

目前设备文件材料的整理通常仍采用立卷的方式进行,通过设备档案的分类、组卷、编目,使之有序化,设备档案的整理流程可参照以下步骤进行。

4.4.1 分类

设备档案的类别划分可依据机构设备来源和使用数量等划分。不同形成机构的分类编号方案不同。形成机构按照社会机构性质,大致可以分为机关、(管理型、生产型)企业、事业单位、科研机构、医疗机构、教育机构(大学、中小学、幼儿园等)六大类。各类机构设备档案分类方法具体如下:[5]

4.4.1.1 管理型机构

管理型机构是指机关、管理型企业、事业单位,该类管理型机构的设备档案分类方案如表4.2所示。

(1)设备档案材料较少的单位,可不再分属类,直接按型号组卷,即一个型号组成一卷或若干卷,直接在大类下编案卷号。

(2)设备档案材料比较多的单位,可按照设备的"使用性质"分二级属类。

表4.2 管理型机构设备档案分类方案

类目号	类别名
1	设备仪器
1.2	办公设备仪器
1.3	交通设备仪器

4.4.1.2 生产服务型机构

生产服务型机构包括生产型企业、科研机构、医疗机构等。该类机构设备包括专用设备仪器、通用设备仪器、生产设备仪器、辅助生产设备仪器等。由于使用机构多,设备仪器型号也多,所以对生产服务型机构设备仪器的属类使用代字时,可结合本机构实际合理设定分类编号(表4.3)。由于医疗机构的设备仪器涉及专门的治疗、观测、检查等专业设备,其分类方案除表4.3外,还可以参照

表 4.4 具体设置。

表 4.3 生产服务型机构设备档案分类方案

类目号	类别名
1	专用设备
1.1	设备、仪器种类
1.1.1	设备、仪器型号规格
2	通用设备
2.1	设备、仪器种类
2.1.1	设备、仪器型号规格

表 4.4 医疗机构设备档案分类方案

类目号	类别名
1	检验仪器
1.1	设备、仪器种类（或某科室）
1.1.1	设备、仪器型号规格
2	治疗设备
2.1	设备、仪器种类（或某科室）
2.1.1	设备、仪器型号规格
3	办公设备
3.1	设备、仪器型号规格

4.4.1.3 教育机构

教育机构包括大学、中小学、幼儿园等各级各类学校，其设备档案分类可根据表 4.5 结合机构实际，确定设备仪器档案的分类层级及其属类。

表 4.5 教育机构设备档案分类方案

类目号	类别名
1	设备仪器
1.1	综合
1.2	按设备仪器种类或型号设置类目

4.4.2　保管期限划分

根据《机关文件材料归档范围和文书档案保管期限规定》[6]（国家档案局8号令）和《企业文件材料归档范围和档案保管期限规定》[7]（国家档案局10号令）的相关规定，设备档案的保管期限分为永久、定期30年和定期10年。各类机构在设备档案保管期限的实际设定上应注意以下几点：

（1）凡是在工作查考、经验总结、科研等方面具有长久备考、凭证及利用价值的设备档案都应永久保存。

（2）凡是在一定时期内具有保存价值的设备档案，都可以规定为30年或者10年保存。

（3）对于设定为30年和10年保管期限的设备档案，当设备仍在正常使用时，其相关档案虽然到期仍不得销毁，必须保存到设备报废之后按规定程序销毁。

（4）以办公和交通设备为主的机构，如机关事业单位和管理型企业等，其相关设备档案的保管期限应以"短期"为主。

4.4.3　组卷

设备档案以台或套为单位组卷，对每台设备相关的文件材料按购置（自制设备的立项）申请、外购设备开箱验收（自制设备的设计、制造、验收）、设备安装调试、运行、维护等分别组卷。注意区分不同设备文件材料的保存价值，遵循设备文件的形成规律，保持设备文件材料之间的历史联系，便于保管和利用。

4.4.4　排列

组卷后需要对卷内文件排序。原则上按设备文件材料形成时间的先后顺序排列。相同时间的设备文件材料按照设备依据性材料，自制设备的设计、制造、验收（外购设备开箱验收），设备安装调试，设备运行、设备维修等顺序排列。其中有密切关联的设备文件材料的顺序应按批复在前、请示在后，正文在前、底稿在后，有译文的外文资料译文在前、原文在后的要求排序。图纸与文字材料组成一卷的，文字材料在前，图纸在后。

4.4.5 编写页号

卷内设备文件材料中有图表、文字的页面需要编写页号，以便固定案卷内设备仪器文件材料的位置和顺序，便于统计和利用。每一卷采用阿拉伯数字从"1"开始分别编页号。

页号编写要求：

（1）单面书写的设备文件材料，在其右下角编写页号；双面书写的设备文件材料，正面在其右下角、背面在其左下角编写页号。

（2）需要装订的图纸页号编制在折叠后的图纸右下角标题栏外。

（3）成套图纸或印刷成册的设备文件材料，自成一卷的，原目录可以代替卷内目录（但需要另外打印一份用以编制设备档案目录）的，不必重新编写页号。

（4）与其他设备文件材料组成一卷的，应排在卷内文件材料最后，将其作为一份文件填写卷内目录，不必重新编写页号。

（5）案卷封面、卷内目录（含原有图纸目录）、卷内备考表不编写页号。

4.4.6 编制档号

设备档案的档号由年度号、分类号、案卷号组成，中间用横线分隔，如"2019—SB—1"，其中分类号可能包含一级类目号和二级类目号。

常见的设备档案的档号格式如下：

（1）机关单位设备仪器档案档号（图4.2）。

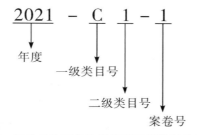

图4.2 机关单位设备仪器档案档号编制参考格式

（2）设备档案较少的机关单位，可不设一级类目号（图4.3）。

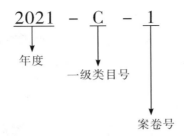

图4.3　设备档案较少的单位的档号编制参考格式

（3）企业设备档案档号（图4.4）。

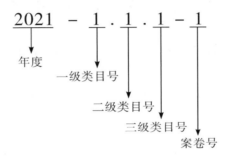

图4.4　企业设备档案档号编制参考格式

（4）教育机构设备档案档号，需要反映出设备购置的年度，且采用双位编号方式（图4.5）。

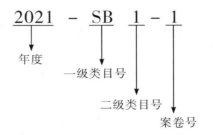

图4.5　教育机构设备档案档号编制参考格式

4.4.7　卷内文件目录编制

卷内文件目录是记录案卷内文件题名、责任者及其他特征，固定归档文件排列顺序的表格。卷内文件目录通常置于卷内文件材料首页，参考样式如表4.6

所示。[8]

表 4.6 卷内文件目录表

序号	文号	责任者	文件题名	日期	页数	备注

各要素编制填写时应注意以下几点。

（1）序号：填写该份文件在案卷中的排列顺序，通常从"1"开始编制。

（2）文号：文件制发时的文件编号，设备档案材料中有文号的材料不多见，但不排除出现相关发文的情况。

（3）责任者：填写该份设备文件材料的形成者。

（4）文件题名：填写要求能概括反映该文件的内容特征，简明、准确地揭示该份文件材料的主题。

（5）日期：填写该份文件的形成日期。

（6）页数：填写文件实体对应的页数。

（7）备注：有其他需要特别说明的内容可在备注栏中填写。

4.4.8　编制案卷封面

设备档案案卷封面具体构成要素包括档号、案卷题名、立卷单位、起止日期、保管期限、密级等。设备档案案卷封面编制可参照图 4.6。[9]

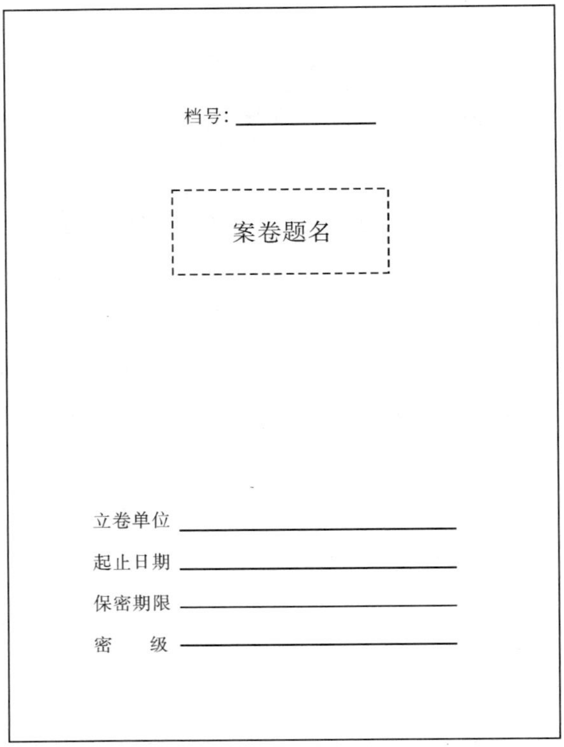

图 4.6　案卷封面

各要素编制填写时应注意以下几点。

（1）档号：填写该案卷内归档文件材料的档号。

（2）案卷题名：案卷题名编写要求能概括反映案卷的内容特征，简明、准确地揭示卷内文件材料的主题。

（3）立卷单位：填写立卷整理档案的机构全称或规范化简称。

（4）起止日期：填写该卷内归档文件材料涉及的时间范围。

（5）保管期限：填写该份案卷的保管期限。

（6）密级：填写该份案卷的保密等级。

4.4.9　编制卷内备考表

设备档案卷内备考表是卷内文件状况的记录单，记录卷内文件基本现状及变化情况，一般放置在卷内文件材料之后。卷内备考表可参照图 4.7 编制。[10]

卷内备考表

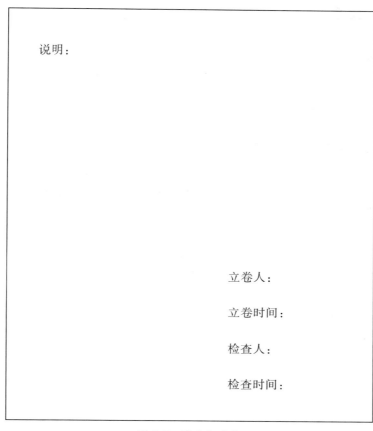

图 4.7　卷内备考表

卷内备考表主要填写内容包括说明、立卷人、立卷时间、检查人、检查时间等要素，具体编制时应注意以下几点。

（1）说明：对卷内设备文件材料情况进行说明，填写卷内文件材料是否完整，是否有缺失、调整、销毁等情况。

（2）立卷人：填写立卷整理人的姓名。

（3）立卷时间：填写立卷日期。

（4）检查人：填写检查案卷整理质量检查人的姓名。

（5）检查时间：填写检查日期。

4.4.10　案卷装订

整理完卷内文件并排序编号后，需要将案卷装订。装订的顺序依次为案卷封面、卷内文件目录、文件材料、卷内备考表。

4.4.11 装盒

案卷装订完成后,应选择合适厚度的档案盒将设备档案装入。文件材料少的可选较薄的档案盒。按档号顺序将若干案卷放入盒内,直至档案盒装满为止。同一盒内不可混装不同案卷的文件材料。

4.4.12 编制案卷目录

案卷目录是用以登记案卷内容和成分,清晰、简明地反映案卷情况的记录表格,其参考样式如表 4.7 所示。[11]

表 4.7 案卷目录表

序号	档号	案卷题名	总页数	保管期限	备注

案卷目录各要素编制填写时应注意以下几点。

(1) 序号:填写该类别内案卷的排列顺序,通常从"1"开始编制。

(2) 档号:填写该案卷的案卷档号,档号编制规则详见 4.4.6 节编制档号。

(3) 案卷题名:填写要求能概括该案卷的内容特征,简明、准确地揭示该案卷的主题。

(4) 总页数:填写该案卷内所有文件相加的总页数。

(5) 备注:有其他需要特别说明的内容可在备注栏中填写。

4.4.13 编制设备档案目录

案卷全部装盒完成后，需要编制设备档案目录。通常设备档案目录由目录夹、案卷目录、卷内文件目录等要素组成。档案正面目录夹标签应包括全宗名称、全宗号、类别、年度、目录号、保管期限等要素（表4.8）；侧面目录夹标签应包括全宗号、类别、年度、目录号等要素（表4.9）。

表4.8 设备档案正面目录夹标签

全宗名称	
全宗号	
类别	
年度	
目录号	
保管期限	

表4.9 设备档案侧面目录夹标签

全宗号
类别
年度
目录号

4.4.14 排列上架

设备档案立卷整理完毕后，即可按编制的档号顺序将设备档案盒逐一排列上架。上架时需注意按照档号的顺序，从小到大，依次上架，从左向右，延伸至末。每层档案架或每个档案柜存档案不宜过满，应留出适当的空位，以备新增档案的存放。

4.4.15　其他情况

针对实操中设备档案跨类、设备档案整理中成册件等情况的处理，可采用以下措施：关于设备档案跨类的情况，如设备档案整理时出现与某一设备仪器有关且存放在文书、照片等类的档案，则需要在"卷内备考表"的"说明"中填写存放在其他档案类别的档号和载体类型，同时在卷内文件目录的"备注"中注明。另外，与基建档案难以分离的设备文件材料应归入基建类，如化工装置工程、设备安装工程等。

设备档案整理中成册件的处理措施如下：规格比较大的成册文件材料，可以折叠后放入档案盒，无法折叠的可直接按照档案盒脊的内容样式打印后贴在成册件的侧面，并在成册件后贴上填写好的"卷内备考表"。成册件若无法装订，可以在材料首页的右上角加盖"档号章"，填写相应内容后直接装盒。成册件较厚时可选择一册一盒；一册比较薄时可以多册一盒；若一卷内出现成册件和普通文件同时存在的情况，可将普通文件放于成册件之上一并装盒。

参考文献

［1］吕瑾红. 探讨设备档案的特点和管理要求［J］. 办公室业务，2013（08）：59.

［2］梨树兰台使者. 科技档案形成、积累、收集、整理方法［EB/OL］.（2012－09－06）［2021－07－17］. http://blog. sina. com. cn/s/blog_6ccd5f4901016v53.html.

［3］广州市档案局. 档案整理技巧与图解［M］. 北京：中国档案出版社，2008.

［4］广州市档案局. 档案整理技巧与图解［M］. 北京：中国档案出版社，2008.

［5］广州市档案局. 档案整理技巧与图解［M］. 北京：中国档案出版社，2008.

［6］中华人民共和国国家档案局. 机关文件材料归档范围和文书档案保管期限规定［S/OL］.［2006－12－18］. https://www.saac.gov.cn/daj/xzfgk/202112/206a56e657fb4758b837b244cb1f6672.shtml.

［7］中华人民共和国国家档案局. 企业文件材料归档范围和档案保管期限规定［S］.［S/OL］.［2012－12－17］. https://www.saac.gov.cn/daj/xzfgk/202112/45c72942b02d499bb4b838a53d04184e.shtml.

［8］中华人民共和国国家质量监督检验检疫总局，中国国家标准化管理委员会．GB/T 11822—2008 科学技术档案案卷构成的一般要求［S］．中国标准出版社，2008．

［9］中华人民共和国国家质量监督检验检疫总局，中国国家标准化管理委员会．GB/T 11822—2008 科学技术档案案卷构成的一般要求［S］．中国标准出版社，2008．

［10］中华人民共和国国家质量监督检验检疫总局，中国国家标准化管理委员会．GB/T 11822—2008 科学技术档案案卷构成的一般要求［S］．中国标准出版社，2008．

［11］中华人民共和国国家质量监督检验检疫总局，中国国家标准化管理委员会．GB/T 11822—2008 科学技术档案案卷构成的一般要求［S］．中国标准出版社，2008．

第 5 章　会计档案管理

知识目标

（1）掌握会计档案的内涵、分类及电子会计档案的内涵与发展。
（2）明确纸质、电子会计文件材料的收集归档、整理原则、整理流程等内容。
（3）了解不同类别会计档案的保管期限。

能力目标

（1）理解会计档案的内涵、种类，明确会计档案管理的重要意义。
（2）理解会计文件材料收集归档整理原则、整理方法、流程，为科学有效开展会计档案管理工作奠定基础。
（3）能够利用《会计档案管理办法》，准确确定不同类别会计档案的保管期限。

案例导入

某公司财务部已将 2019 年度的会计文件材料移交至档案室，但由于公司内部会计档案管理工作制度不完善，财务部门业务人员在初步整理会计文件材料时无明确依据可遵循，导致该年度移交的会计文件存在较多问题，如关于公司财务工作的文书档案被移交，部分会计账簿、公司财务会计报告分类组卷不规范，部分会计文件材料内容不全等。现需重新对该年度会计文件材料进行整理，明确会计文件归档范围、整理原则、整理流程。

案例解析

会计档案是企业经济运营情况的真实记录，作为记录和反映企业经营业务的重要资料及凭证，会计档案对于企业发展有着重要影响。如在经济决策、企业发展规划等领域，会计档案可提供重要的参考依据，提高经济决策的科学性。同时，会计档案也是企业经济活动核查的重要依据。企业应对会计档案管理工作予以重视，依据国家、地区会计档案管理法规，结合本企业业务实践，制定切合实际的会计档案管理制度，明确本企业会计文件归档范围、整理原则及整理流程，做好会计档案管理工作。

会计档案的概念与类别

5.1.1 会计档案的概念

随着信息技术在会计核算领域推广应用，2016 年新修订的《会计档案管理办法》将"电子会计档案"纳入"会计档案"范畴，完善了"会计档案"的内涵外延，即会计档案是指单位在进行会计核算等过程中接收或形成的，记录和反映单位经济业务事项的，具有保存价值的文字、图表等各种形式的会计资料，也包括通过计算机等电子设备形成、传输和存储的电子会计档案。① 现有教材对会计档案的定义略有差异，本书主要以最新修订的《会计档案管理办法》为标准，会计档案是单位经济业务重要资料及证据的记录和反映，对于国家、企事业单位等经济发展有着重要影响。对于国家而言，会计档案能够反映某个时期国家经济总体发展状况，为下一阶段经济建设和决策提供参考；对于具体的企事业单位等实务部门而言，会计档案是其经济运营情况的真实记录，也是企事业单位经济决策、发展规划制定、经济活动核查的重要依据。

会计档案是在会计核算等专业性活动中形成的专业文件材料，具有较为稳定的文件格式和鲜明特征，主要表现在：

第一，时态上具有历史性。历史性是指已完成整个会计核算流程，即会计档案是在会计核算过程中已经办理完毕的会计文件资料。处于审批流程的会计凭证则仍属于会计文件，不属于会计档案。

第二，内容上具有专业性。会计档案是专门档案的一类，其与经济活动关联密切，是在会计核算专业实践活动中形成的，能够系统地反映机构经济工作状况。会计档案在内容上与文书档案区别明显，具有鲜明的会计核算的专业性。[1]财务制度、经费预算、财务收支计划等管理性文件材料不属于会计档案归档范围。

第三，形式上具有规范性。会计档案作为专门档案的一类，从会计凭证到会计账簿、会计报表，虽类别多样、形式各异，但在长期的实践活动中形成了一套完整规范的专门文件格式，规范会计档案工作。

此外，会计档案还具有来源广泛、内容连续、形成过程时性等特征。

---

① 中华人民共和国财政部、国家档案局：《会计档案管理办法》，详见 http://www.gov.cn/xinwen/2015 - 12/15/content_5024054.htm。

5.1.2 会计档案的类别

会计档案类别丰富，以会计凭证、会计账簿、财务报告、银行存款余额调节表、银行对账单等为主体，还包括会计档案移交清册、会计档案销毁清册、会计档案保管清册等。

5.1.2.1 会计凭证类

会计凭证是对所发生的经济业务性质、金额、内容等情况的记录，带有签名或印章以证明经济业务的合法性及凭证的真实性、可靠性，[2]它是明确经济责任的书面证明，更是登记账簿的重要依据。

会计凭证形式较为多样，按其编制程序与用途的不同，可分为原始凭证和记账凭证。原始凭证即"单据"，通常在经济业务发生或完成时生成，如发票、收款单、商品入库单等。记账凭证则是依据审核无误的原始凭证，按业务内容归类，确定会计分录后所填制而成的会计记录，它是登记账簿的直接依据。原始凭证和记账凭证包含多种类别，可参照图5.1划分类别。

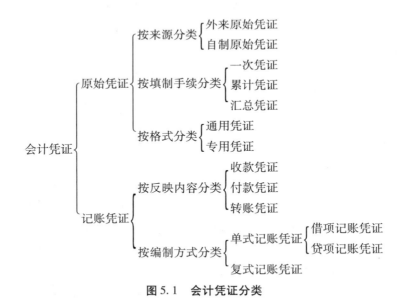

图 5.1　会计凭证分类

5.1.2.2 会计账簿

会计账簿是以记账凭证为依据，将会计凭证中分散的经济核算内容系统整理、登记形成的簿籍。它由具有一定格式并且相互联系的账页组成，能够全面、系统、连续地记录和核算各项经济业务。[3]会计账簿种类多样，通常可按其用途、外形特征和账页格式分类，如图 5.2 所示。

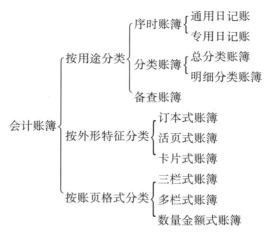

图 5.2　会计账簿分类

5.1.2.3　会计报告类

会计报告是机关、团体、企事业等对外提供的反映本单位某一时期财务状况及某一会计期间经营成果、现金流量等财务信息的文件材料。[4] 会计报告是根据会计核算材料，按照规定的格式、内容及编制方法，加工、整理、汇总后形成的，应包含财务报表、附表、附注及文字说明等相关材料，其中财务报表是其核心内容。财务报表是以会计账簿为依据，按照规定的格式、内容及编制方法，概括反映单位经济活动和财务收支情况的记录。根据《政府会计制度——行政事业单位会计科目和报表》（财会〔2017〕25 号）相关规定，政府行政及事业单位财务报表一般应包括资产负债表、收入费用表、净资产变动表以及附注，若有需要，单位可根据实际自行编制现金流量表。[5] 企业财务报表内容则更加丰富，根据《企业会计准则第 30 号——财务报表列报》（财会〔2014〕7 号）的相关规定，企业财务报表通常应包含资产负债表、利润表、现金流量表、所有者权益（或股东权益）变动表及附注，[6] 以便于概括反映企业经济活动、财务收支情况。

会计报告通常分为月度会计报告、季度会计报告、年度会计报告，按照编制时间的不同，也可分为日报、旬报、月报、季报和年报。

5.1.2.4　其他类

其他会计档案包括：银行存款余额调节表、银行对账单，以及其他应当保存的会计核算专业材料、会计档案移交清册、会计档案保管清册、会计档案销毁清册等。

5.1.3 电子会计档案

随着电子商务的发展，财务会计核算领域以会计凭证、会计账簿、财务会计报告为主要内容的电子会计档案数量迅速增长。[7]会计档案的产生、传递、存储等方式也在悄悄发生改变。为了适应数字经济的发展，规范各类电子会计档案的收集、归档、保管、销毁等，2015年12月，中华人民共和国财政部、国家档案局联合颁布的《会计档案管理办法》将通过计算机等电子设备形成、传输和存储的电子会计文件资料纳入会计档案的归档范畴，[8]即电子会计档案不仅包括存储于计算机存储介质上的电子化会计凭证、会计账簿、财务会计报告以及相应的计算机软件、财务系统及其开发文档等，还包括按要求打印输出的记账凭证、会计账簿、财务会计报告等电子文件资料。[9]此外，《会计档案管理办法》还进一步规范了电子会计档案管理的相关要求。2020年3月，中华人民共和国财政部、国家档案局联合发布《关于规范电子会计凭证报销入账归档的通知》，肯定了来源合法、真实有效的电子会计档案与纸质会计档案具有同等的法律效力，规范了各类电子会计凭证的报销入账归档等相关要求。[10]

按照《会计档案管理办法》（2015年12月修订）、《中华人民共和国电子签名法》（2019年4月修订）、《关于规范电子会计凭证报销入账归档的通知》（2020年3月）相关规定，单位内部形成的属归档范围的电子会计资料，以及单位外部接收的符合《中华人民共和国电子签名法》规定的电子会计资料等，可仅以电子形式归档保存。

5.2 会计文件材料的收集

会计文件材料的收集是指按照单位会计档案管理相关制度将会计凭证、会计账簿、会计报告等会计文件材料集中归档的活动，需明确会计文件材料的归档范围、归档时间、归档要求、移交手续等。

5.2.1 归档范围

收集会计文件时，首先需明确在会计核算过程中形成或接收的反映本单位经济业务活动的会计文件材料哪些需归档保存，哪些不具备作为会计档案的保存价值。一般来说，根据会计档案保管期限表（见附录5.1、附录5.2），具有一定保存价值的会计凭证、会计账簿、会计报告以及其他会计文件材料均应当归档保存。依据《会计档案管理办法》（2015年12月修订，下同），结合实践工作需求，通常会计档案归档范围如下。

1. 归档内容

（1）会计凭证。包括原始凭证、记账凭证。

（2）会计账簿。包括总账、明细账、日记账、固定资产卡片及其他辅助性账簿。

（3）会计报告。包括月度、季度、半年度、年度财务会计报告。

（4）其他会计资料。包括银行存款余额调节表、银行对账单、纳税申报表、会计档案移交清册、会计档案保管清册、会计档案销毁清册、会计档案鉴定意见书及其他具有保存价值的会计文件材料。

（5）电子会计档案。单位内部形成的属于归档范围的电子会计材料可仅以电子形式归档保存。

2. 非归档内容

（1）为参考需要而购买来的，非本单位经济活动的会计业务材料。

（2）不属于会计档案性质的文件或记录材料，如财会部门经办的有关财会工作的方针、政策、制度、预算计划、工作总结、工作报告以及其他往来文书等。

（3）重复性的会计文件及其他无查考利用价值的临时性、一般性文件。

5.2.2 归档时间

归档时间是指会计人员或会计核算机构应向本单位档案人员或档案管理部门移交会计文件材料的时间。一般情况下，单位当年形成的会计文件材料，在会计年度终了后，可由单位会计管理机构临时保管一年，再移交单位档案管理部门保管。特殊情况下，因工作或其他原因需推迟移交的，应获得档案管理部门同意，但本单位临时保管期限最长不超过三年。[11]

5.2.3 归档要求

归档要求主要是对应归档的会计文件材料的质量、完整及其保管单位的职责等提出的相关要求。一般情况下，归档会计文件材料应齐全、完整、准确，确保归档会计文件的质量，且应遵循会计文件的形成规律，保持归档文件之间的有机联系，区分保存价值，便于日后会计档案的保管与利用。[12]结合《会计档案管理办法》，会计文件的归档要求如下：

（1）办理会计档案交接时，应编制会计档案移交清册，准确清点归档会计文件数量，并按照国家档案管理相关规定办理交接手续。

（2）纸质会计档案移交时应尽量保持原案卷的封装，确保会计档案齐全完整；电子会计档案移交时应当按照电子文件移交格式将电子会计档案及其元数据一并移交，特殊格式的电子会计档案应当与其读取平台一并移交。

（3）电子会计档案接收时，档案管理部门须检测电子会计档案的准确性、完整性、可用性、安全性，确认无误后方能接收。

实操中，各单位可参考《会计档案管理办法》，根据自身情况以及会计文件材料形成的规律特点，提出本单位会计文件的归档要求。

5.2.4 移交手续

会计文件材料在会计形成部门保管一年期满后，由会计形成部门移交至本单位档案管理机构统一保管；若未设立档案管理机构，则应当在会计机构内部指定专人保管。移交会计文件时，交接双方须履行移交手续，即接收人员应根据会计档案移交清册，详细清点案卷，核对无误后，交接双方在会计档案移交清册上签字，并各自留存一份。会计档案移交清册填写项目应包括年度、会计档案种类、数量、交接双方负责人、交接时间等内容，参照《会计档案案卷格式》（DA/T 39—2008），具体格式如表5.1所示。实操中，不同单位使用的会计档案移交清册略有差异，可根据业务实践调整。

表5.1 会计档案移交清册参考示例[13]

年度	会计凭证类（盒、袋）	会计账簿类（卷）	财务报告类（卷）	其他类（卷）	光盘（盘）	备注

移交部门：　　　　　接收部门：　　　　　监 交 人：
移 交 人：　　　　　接 收 人：　　　　　移交时间：

会计档案移交清册填写具体要求如下：

（1）年度，即移交的会计档案所属年度，通常用4位阿拉伯数字表示（如移交 2020 年度会计档案即填写"2020")。

(2) 移交部门及移交人,由单位内财务部门及其管理人员填写并盖章签字。

(3) 接收部门及接收人,由单位内档案管理部门或接收会计档案的部门及管理人员填写并盖章签字。

(4) 监交人,即监督办理交接会计档案手续的人员,由其签名。

(5) 移交时间,即会计档案移交的具体时间,需具体到日。

(6) 备注,即移交会计档案时需注明的情况,若无则可不填。

5.3 会计档案的整理

5.3.1 整理原则

会计档案整理是通过科学的分类、组合、立卷、排列、编目等步骤,将零散的会计文件有序化的过程。整理中应遵循以下原则:

第一,遵循会计档案形成规律及其自身特点,保持文件材料间的有机联系;遵循会计档案序时性原则,分门别类,将同一业务或科目的会计档案集中,保持其内容联系,便于后续保管与开发利用。需注意的是,在保证会计档案内容关联时不应影响会计档案的来源联系,即不能为保持会计档案内容的联系而将不同来源的会计档案放在一起整理。

第二,尊重原有会计文件材料的组成,善于利用原有整理基础。通常情况下,档案管理部门接收的会计文件是由财会专业人员初步整理过的,多数会计档案仅需简单编目排列即可,无须重新整理。个别零散的会计文件材料则需根据文件间的有机联系重新整理立卷,以便提高后续保管与利用的效率。

第三,整理后的会计档案可为会计档案的保管与利用提供便利。

5.3.2 整理流程

5.3.2.1 组卷

会计档案的组卷应遵循会计档案的形成规律,保持其内在联系,按会计凭证、会计账簿、会计报告及其他类会计档案分别组卷。

1. 会计凭证的组卷方法

会计凭证分为原始凭证和记账凭证,具有严格的序时性,组卷整理时应严格遵循时间序列。完成报账手续后，会计人员按照时间先后顺序将各类记账凭证连同所附的原始凭证、原始凭证汇总表装订成册。通常以月为单位，具体根据会计凭证数量的多少按月装订为一册或多册，若某月会计凭证数量较少，可将连续数月的会计凭证一同组卷装订。具体组卷方法如下：

（1）仔细检查。一是检查凭证编号，防止在记账、汇总、审核等环节颠倒号码或出现缺号。二是核查会计凭证是否存在信息记录不全的情况，以确保凭证上会计主管、审核、出纳等相关业务人员的签字盖章齐全。

（2）有序整理。首先，确定装订册数。为保证装订后的会计凭证外形美观、装订牢固，装订时可将每册厚度控制在1.5～2厘米，通常30张记账凭证装订一本，① 根据当月形成的会计凭证数量酌情分册。其次，整理会计凭证。装订好的会计凭证应美观整洁，需将大小不等的原始凭证按照记账凭证的大小折叠齐整（注意避开装订线，以便查阅），并在会计凭证最后添加一张等大的空白纸作为封底。

（3）填写会计凭证封面。会计凭证装订前需要外加会计凭证案卷封面。参照《会计档案案卷格式》（DA/T 39—2008），会计凭证封面填写项目通常应包括单位名称、会计凭证名称、时间、记账凭证起止号、记账凭证数、附件数、会计凭证总数等内容（图5.3）。实操中，各机关部门、企事业单位等的财务部门作为独立的会计档案整理部门，通常由财务人员从市场采购档案用具，直接将会计凭证装订成册，而非从专门的档案用具生产处购买用具，所以造成不同地域部门或单位整理的会计凭证封面存有差异，各单位可根据实际情况进行填写。

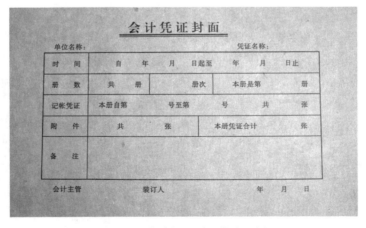

图5.3　会计凭证封面格式示例

---

① 中华人民共和国国家档案局：《会计档案整理》，详见 https://www.saac.gov.cn/daj/shipin/201809/e8547fa8a52f437e8bc341e61077cc80.shtml。

会计凭证案卷封面具体填写方法如下：

单位名称，填写会计档案形成单位的名称，必须使用全称如"××市城市建设开发集团有限公司"，或使用通用简称，如"中华人民共和国财政部"可使用简称"财政部"。

会计凭证名称，即会计凭证的类别，应填写能够反映出会计凭证用途或者其具体内容的名称，以便后期查阅。如"收款凭证""付款凭证""转账凭证""通用凭证"等，或按照内容填写"基建会计凭证""工会会计凭证""预算外会计凭证"等。

起止时间，填写本册会计凭证的起止年、月、日。

册数，填写本册会计凭证起止时间范围内所有会计凭证的册数。

册次，填写本册会计凭证的序号。

记账凭证起止号，填写本册记账凭证的起止号。

记账凭证数、附件数、会计凭证总数，填写本册会计凭证内相应内容的张数，应核实清楚方可填写。

会计主管、装订人、装订时间、备注等内容据实填写即可。

会计凭证案卷脊背填写项目通常包括全宗号、目录号、册号、类别、年份、月份等内容，一般进馆的会计档案都必须填写全宗号，但有些下属事业单位没有全宗号，这种情况下全宗号可空出，待上级机关向档案馆申请后再填写。

（4）装订成册。装订前须取出订书针、曲别针、大头针等金属物，避免日后生锈腐蚀档案。会计凭证的组卷装订可采用三角装订的形式，也可采用"三孔一线"的方式装订（与会计报表等会计档案的装订相似），可根据实际档案工作需要进行选择。装订时将填写完毕的会计凭证封面整齐放置在需装订的会计凭证上面，对照整齐，在装订线位置打孔并装订牢固，由装订人在装订线封签处签名或者盖章。

此外，会计凭证组卷时应注意：

形成的会计凭证数量过多时，可按照会计凭证的类别将不同类型的会计凭证，如收款凭证、付款凭证、转账凭证等分别组卷。

对于一些不方便同记账凭证一起装订或是保管价值不同的原始凭证，如本单位房地产或经济合同、人员工资关系转移、工资名册凭证、涉外凭证、数额较大的开支和固定资产的凭证等，须抽出单独组卷，并在原记账凭证上注明抽出凭证的名称、数量及去向，由立卷人签名盖章。抽出后的原始凭证可在该年度原记账凭证后依顺序继续编号，并在相互的案卷上注明参见档号，以便查考。对于发货单、收货单等数量较多的原始凭证也可根据保管需求单独组卷，但应当在封面上注明记账凭证日期、编号及"附件另订"字样，并在附件上注明原始凭证的名称、编号。[14]

2. 会计账簿的组卷方法

会计账簿在形成时一般都有固定的格式和明确的分类,通常在年终结账或年度结算后组卷。[15]组卷前要检查账簿页数是否齐全、序号排列是否连续等,通常根据账簿的形成特点将订本式、活页式、卡片式等不同种类的账簿分别组卷。

订本式账簿在形成时具有连续页码等格式基础,整理时应尽量保持原样,不得拆除空白页,并在案卷备考表中详细记录已使用账页和空白账页的页数。活页式账簿多用于明细分类账,可根据记账内容的变化随时增加或减少账页,组卷时需将空白页拆除方能编制页码,一般在账页正面的右上角、背面的左上角依次编写连续页码。卡片式账簿又称卡片账,通常卡片式账页存放在专用卡片箱内,账页可根据记账需要随时增减,其组卷方式与活页式账簿一致。

会计账簿组卷时应如实填写账簿启用及交接表,反映会计账簿的使用与交接情况。正面填写单位名称、账簿名称及编号、账簿页数、账簿起止日期、经管人员、交接记录(账簿使用中管理人员发生变化时,交接双方皆需签名,同时经管人员填写职别与姓名)、备注等项目并贴上印花税;具体格式参照《会计档案案卷格式》(DA/T 39—2008),如表5.2所示。背面格式较为简单,需填写项目包括科目名称、页次,依据账簿涉及的科目名称依次填写,如表5.3所示。[16]

表5.2 账簿启用及交接表正面格式参考示例

单位名称 (印章)									
账簿名称	(第　册)账簿编号							印花税	
	(第　册)账簿编号								
账簿页数	本账簿共　　　页								
起止日期	自　　年　　月　　日至　　　年　　月　　日								
经管人	负责人姓名		会计姓名		复核姓名			出纳姓名	
交接记录	经管人员			接　管			交　出		
	职别	姓名	年	月	日	签名	年 月	日	签名
备注									

表 5.3 账簿启用及交接表背面格式参考示例

科目名称	页次	科目名称	页次	科目名称	页次	科目名称	页次	科目名称	页次

《会计档案案卷格式》（DA/T 39—2008）并未对会计账簿案卷封面格式做出明确规定，各单位可根据需求设置会计账簿封面。一般情况下，订本式账簿无须另外添加案卷封面，但为方便管理，多在账簿封面贴上"小标签"，填写全宗号、年度、目录号、保管期限、案卷号、页数、案卷题名等内容，直观反映案卷情况，如图 5.4 所示。现各单位多使用会计核算系统软件，产生的多为电算化会计账簿，基本不再产生老式手写账簿，该类账簿需添加页码，外加牛皮纸软封面，并贴上"小标签"。

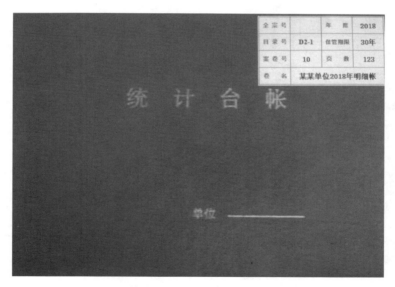

图 5.4 某单位提供的 2018 年统计台账示例

3. 会计报告的组卷方法

会计报告通常按照年报、季报、月报分别组卷。其组卷流程包括：

（1）整理组卷。一般年报数量较多，多单独组卷；季报和月报则可根据会计材料的多少，确定具体组卷数量，或单独组卷或多份会计报告一同组卷。同一案卷内含有多个月份报表的，需按月份时间依次排列。此外，也可按照会计报告的性质或会计报告反映的经济内容分别组卷。会计报告通常附有相关分析说明性文字材料，如财务情况说明书、上级主管部门审核批复意见等，这些材料与会计报告关联密切，是会计报告的重要组成部分，应一同组卷，并将其置于所说明的会计报告前以保持其内容间的联系。

（2）编制页码。整理好的会计报告需编制连续页码，凡是有书写内容的页面均需编写，每卷页号从"1"开始，每册单独编码。通常是在文件材料正面的右上角、背面的左上角编写页码。

（3）填写会计报告案卷封面。会计报告需添加案卷封面，但《会计档案案卷格式》（DA/T 39—2008）并未对其封面格式做出具体规定，通常采用文书档案案卷封面的格式，应当包括单位名称、类别名称、案卷题名、保管期限、年度、目录号、案卷号等内容，如图5.5所示。填写时应注意根据文件内容拟制规范题名，以作日后的检索标识，案卷题名通常应包括立档单位或责任者、时间、会计档案文种等要素。如"××市××机关××年××月会计凭证""××公司××年度会计账簿""××单位××年度会计报表"等。

图5.5　会计报表案卷封面示例

（4）排列与装订。会计报告组卷时需填写卷内文件目录及备考表，通常按照案卷封面、卷内文件目录、会计报告（包括附注及说明部分）、备考表的顺序排列，整理好案卷顺序后，采用"三孔一线"方法，齐下齐左在案卷的左侧装订如图5.6所示。需注意的是，装订时若打细孔使用棉线装订，则可以较好地保证原始凭证完整性；若使用胶管打孔装订，则应注意打孔不能过深，以免原始凭证文字丢失，导致日后查阅困难。

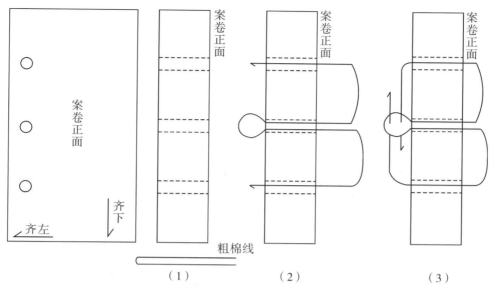

图 5.6 案卷"三孔一线"装订方法图示

4. 其他类

银行存款余额调节表、银行对账单、会计档案移交清册、会计档案保管清册、会计档案销毁清册等其他类会计文件材料,多按照保管期限整理组卷,装订成册。如会计档案保管清册、会计档案销毁清册保管期限为永久,会计档案移交清册保管期限为30年,应分别组卷装订,每一本清册就是一个案卷,编一个卷号。银行存款余额调节表、银行对账单等保管期限较短(仅10年),可根据实际文件数量一起组卷装订或分别组卷装订。

总之,会计档案组卷应根据单位接收会计文件的实际情况进行。已经整理的会计档案一般无须再拆封重新整理,也不必另加案卷封面、封底,或是重新编制页码,维持其原本面貌即可。

5.3.2.2 分类排列

为便于会计档案的保管与开发利用,需对其进行分类,即以会计业务为基础设计并执行划分方案。该项工作是会计档案整理过程中的重要步骤,因各单位会计档案类别、规模等存在差异,会计档案分类方法各异。各单位应根据本单位的实际情况,科学选择会计档案分类方法。结合国家档案局档案工作人员岗位培训教材①、《专门档案管理》、《档案管理概论》等档案专业教材相关内容分析，目前较常用的会计档案分类方法主要有以下 4 种。

1. 会计年度—会计文件形式（会计报告、会计账簿、会计凭证、其他会计资料）—保管期限分类法

该分类方法以会计年度划分会计档案；再将同一年度下的会计档案以会计文件形式划分类别，按照会计报告、会计账簿、会计凭证及其他会计文件资料分类排列；最后在不同类别内根据保管期限的不同，按永久、30 年、10 年顺序排列，通常一个年度编一个案卷流水号。该分类方法的优点为简单易操作，便于按年度查找利用会计档案。但由于不同类别的会计档案外形存在差异，而各个年度会计档案的类别多样，所以上架排列时会出现案卷大小不一、高低错落的情况，导致案卷排列不够美观。因此，该方法适用于单一会计类型的机构。

2. 会计年度—组织机构—会计文件形式—保管期限分类法

该分类方法首先以会计年度划分会计档案，再把同一年度的会计档案按机构分开，再将各机构内的会计文件按类别分开，最后在同一类别内根据不同的保管期限按永久、30 年、10 年顺序排列。该分类方法多用于财政部门总预算会计，其优点为可体现同一会计单位内会计档案的完整性，便于按机构查找利用会计档案。

3. 会计年度—会计类型—会计文件形式—保管期限分类法

该分类方法首先以会计年度划分会计档案，再把同一年度下的会计档案按照会计类型如税务部门的税收计划、税收会计、经费会计等分类，同一类别内的会计档案按照会计报告、会计账簿、会计凭证等分开，最后结合保管期限按顺序排列。该分类方法可将同一会计类型的会计档案存放在一起，反映不同性质会计活动的特点及内在联系，多用于专业性较强的各级税务机关的会计档案整理，突出会计活动的专业性。

4. 会计文件形式—会计年度—保管期限分类法

该分类方法首先以会计文件形式分类，即按照会计报告、会计账簿、会计凭证及其他会计文件资料分类，再将同一形式下的会计档案按年度分类，同一年度下的会计档案按保管期限降序排列。该分类方法的优点是可保持同一类别的会计档案的连贯性，便于按照会计档案类别查找利用，且同一类别下的会计档案集中排列可保证案卷排列的美观度。但该分类方法将同一年度下的会计档案打乱排列，不利于按年度查找利用；且由于案卷号每年顺延，各类别会计档案排列时需预留充分的空位。因此该分类方法多用于按年度形成会计档案数量较多的大中型

---

① 中华人民共和国国家档案局：《会计档案整理》，详见 https://www.saac.gov.cn/dajjckc201808/fbe771f8937f436c821927ac0274d942.shtml。

企事业单位。[17]

5.3.2.3 编制档号

对会计档案组卷、分类排列后，为固定会计档案组卷整理结果，需编制会计档案号，即根据会计档案的形成规律及具体形式，对会计档案编号，赋予其唯一标识。档号是固定会计档案案卷物理顺序及空间位置的重要标识，是后续会计档案保管、统计、查找及利用的基础。

根据《档号编制规则》（DA/T 13—94），编制会计档案号应满足合理性、唯一性、稳定性、扩充性、简单性等原则，同时还应兼顾实用性原则，确保编制的会计档案号能够满足管理与利用需求。[18]当前我国颁布的《会计档案管理办法》《会计档案案卷格式》（DA/T 39—2008）皆未明确规定会计档案号的编制规则，可参照《档号编制规则》（DA/T 13—94）中提供的编号结构"全宗号—案卷目录号—案卷号—件、页（张）号""全宗号—类别号—案卷号—件、页（张）号"①等对档号进行编制。本书将参照会计档案号的一般模式"全宗号—会计档案代字（代码）—大类和属类号—案卷号"，结合5.3.2.2节分类排列论述相应会计档案档号编制方法。

（1）针对会计年度—会计文件形式—保管期限分类法，其档号编制应为同一年度的会计档案编一个流水号。如某单位2021年总账的编号为：G77 - KJ2021 - 2·3 - D30 - 07。其中"G77"为该单位全宗号；"KJ2021"表示会计档案种类代码及年度；"2"表示会计账簿类别；"3"表示总账类别；"D30"表示保管期限为30年；"07"表示案卷顺序号。

（2）针对会计年度—组织机构—会计文件形式—保管期限分类法，其档号编制按照分类排列顺序逐级开展，如某单位2021年办公室上半年财务报告编号为：G77 - KJ2021 - BGS·1 - D10 - 12。其中"G77"为该单位全宗号；"KJ2021"表示会计档案种类代码及年度；"1"表示会计报告类别；"D10"表示保管期限为10年；"12"表示案卷顺序号。

（3）针对会计年度—会计类型—会计文件形式—保管期限分类法，其档号编制按照分类排列顺序逐级开展，如某单位2021年组织机构经费会计报告的编号为：G77 - KJ2021 - 3·1 - D10 - 12。其中"G77"为该单位全宗号；"KJ2021"表示会计档案种类代码及年度；"3"表示经费会计类别；"1"表示会计报告类别；"D10"表示保管期限为10年；"12"表示案卷顺序号。

---

① 中华人民共和国国家档案局：《档号编制规则》，详见 https://www.saac.gov.cn/dajhybz201806/36bb8e-354b624164af86cfec75956de7/files/64d841742ad44327afa4586d135cebee.pdf。

(4)针对会计文件形式—会计年度—保管期限分类法,其档号编制方法为同一会计形式下按年度分类编号,同一类别编制一个流水号。如某单位2021年明细账编号为:G77 - KJ·2·4 - 2021 - D30 - 12。其中"G77"为该单位全宗号代码;"KJ"表示会计档案种类代码;"2"表示会计账簿类别;"4"表示明细账类别;"2021"表示会计账簿形成年度;"D30"表示保管期限为30年;"12"表示案卷顺序号。

结合具体会计档案形成机构,其档号的编制可参照如下方式:

(1)机关单位会计档案号编制。《机关档案管理规定》(国家档案局13号令)推荐机关档案门类按照会计档案(KU)设置一级类目,[19]二级类目可根据会计档案的类别具体设置。会计档案号通常需涵盖全宗号、类别号、案卷号、页号等要素,各要素之间以"-"相连接,一般各单位在具体编制过程中需结合本单位的会计档案的分类方案,依顺序编写档案号,可采用"全宗号—会计档案代号—类目号—案卷号"的模式编写,如全宗号代码为G77的某机关,其2021年会计报告即可编号为G77 - KU2021 - 1 - 02。

(2)企业会计档案号编制。企业会计档案无须向档案馆移交,通常可不设全宗号,结合企业内会计档案分类方法编制档号即可,如某公司采用"会计年度—会计形式"分类方法,其2021年度会计总账可编号为KJ2021 - 2·3 - 07。

(3)学校会计档案号编制。学校会计档案类目划分多依照《高等学校档案实体分类法》(DA/T 10—1994),以"CK"作为学校财会档案一级类目,下设综合类、财务报表类、会计账簿类、会计凭证类、工资表类目,采用双位制编号法表示二级类目,分别为"11""12""13""14""15"。[20]其会计档案号编制通常采用"年度代号—会计档案类目号—案卷号"的模式编写,① 如2021年某高学校财务决算报表可编号为2021 - CK11·1 - 15。

5.3.2.4 编目

编目是对会计档案进行登记编制的过程,便于直观反映会计档案的记录内容,为后续保管利用提供便利。

1. 会计档案案卷目录

会计档案的案卷目录也被称为"案卷名册",是在会计档案分类的基础上对会计档案进行著录而形成的。通过编制会计档案案卷目录能够固定会计档案案卷的分类排列顺序,便于记录和反映会计档案整理工作的成果。因此,它也是会计档案的保管清册和总账,是一种统计会计档案数量的管理性工具,为科学地管理会计档案提供依据;同时,作为一种基础的检索工具,会计档案案卷目录为会计

---

① 王英玮:《专门档案管理》,中国人民大学出版社2017年版,第110页。

档案的利用提供了查找手段。

一般而言，每年形成的会计报表、会计账簿、会计凭证、工资表等会计档案，均须编制案卷目录。会计档案案卷目录采用统一的格式进行著录，著录项目通常包括案卷号、会计档案类别、案卷标题、起止时间、保管期限、张数、备注等内容，参照《会计档案案卷格式》（DA/T 39—2008），如表 5.4 所示。

表 5.4 会计档案案卷目录参考示例[21]

案卷号	类别	题名	起止时间	保管期限	卷内张数	备注
001	财务报告	×××2018 年会计报表	201801 201812	永久	25	

会计档案案卷目录具体填写方法如下：

（1）案卷号，即该案卷在会计档案目录内的案卷顺序号，与整理会计档案时会计凭证盒或会计档案盒上的案卷号或案卷起止号一致。

（2）类别，即该卷会计档案的类别，可填写"会计凭证类""会计账簿类""会计报告类"等，也可用会计档案类目代号表示。

（3）题名，即案卷标题，用以提示卷内文件的内容，必须和实际对应的案卷题名保持高度一致。题名应能概括本卷会计档案的形成单位、形成时间、主要内容及类别，不宜过简，如"某某局某某年度跨级决算报表"等。

（4）起止时间，即该卷内会计档案的启用与终止时间，具体到月份，通常用 6 位阿拉伯数字分两行填写。

（5）保管期限，即该案卷的保管期限，分为永久和定期两种，定期又分为 10 年、30 年，可根据会计凭证盒或会计档案盒上确定的保管期限直接填写。

（6）卷内张数，即该卷会计档案实际保存的会计档案的页数。

（7）备注，填写记账凭证起止号或其他需说明的情况。

2. **卷内目录**

会计档案的卷内目录是对卷内文件成分内容的简单介绍，主要是为了查阅方便。会计凭证、订本式账簿无须填写卷内目录，会计报告和其他类会计档案通常需填写卷内目录，如会计报表、会计工资表等，尤其是零散的、由单个文件组成的会计档案需要重新分类、立卷整理，该类型会计档案需要填写卷内目录，以明确卷内文件内容。卷内目录著录项目包括顺序号、责任者、文号、题名、日期、页号、备注，参照《会计档案案卷格式》（DA/T 39—2008），具体格式如表 5.5 所示。

表 5.5　会计档案卷内目录参考示例[22]

顺序号	责任者	文号	题名	日期	页号	备注
01	××部门		2021年1—3月份会计报表	20210331	01	

卷内目录具体填写说明如下：

（1）顺序号，即件号，按照卷内文件排列先后顺序填写，从"01"开始，用阿拉伯数字表示，一份文件填写一个顺序号。

（2）责任者，即文件的形成部门或个人责任者姓名，通常为文件材料的署名者。

（3）文号，即文件制发机关的发文字号（如粤档〔2021〕1号），若无可不填。

（4）题名，即文件的标题，通常情况下照实抄录即可。若存在没有标题或标题不规范的文件，则应根据文件内容提炼重点、自拟标题，并外加"〔　〕"号表示。

（5）日期，即文件的形成日期，精确到日，用阿拉伯数字表示（如20210716）。

（6）页号，卷内文件所在的张号，即该文件起始页的页码。

（7）备注，主要是对卷内文件情况的进一步说明补充，若无则可不填写该项，若有需要进一步说明的相关情况，在相应文件材料栏内标记"＊"号，并将需说明的如缺损、修改、补充、移出、销毁等情况填写在备考表内。

3. 卷内备考表

卷内备考表是卷内文件状况的记录单，排列在卷内文件之后，其作用主要是对卷内文件需进一步说明的情况的补充，如缺损、修改、补充、移出、销毁等情况。一般而言，除了会计凭证、订本式账簿外，其他案卷都应加入备考表。

卷内备考表重点填写卷内文件需要说明的情况，包括归档前案卷的情况，如卷内文件的件数、页数、价值、保管情况、相关文件的档号等，以及归档后应说明的情况，如鉴定后卷内文件的变更情况、保管状况（如字迹状况、载体状况等）。此外，对于案卷中文件的材料缺损、移除销毁、修改补充等情况，也应在备考表中一并注明。卷内备考表填写完毕后，应由立卷人、检查人等相关管理人员签名，并标注立卷与检查时间。

5.3.2.5　装盒

财务会计报告、会计账簿、会计凭证、工资表等会计档案按照《会计档案案卷格式》（DA/T 39—2008）相关规定，采用档案主管部门监制的标准会计档案盒、会计档案凭证盒装盒。根据会计档案类别，将财务会计报告、会计账簿、工资表等分别按照案卷号顺序依次装入会计档案盒，一盒装满后再装第二盒，应注意区分不同类别的会计档案不能混装；会计凭证类则按照案卷号顺序依次装入会计档案凭证盒。凭证盒的尺寸通常为 275 mm×155 mm（长×宽），盒脊厚度通常有 30 mm、40 mm、60 mm 等规格，[23] 可根据需要选用。装盒时切忌爆盒，最佳状态是一盒档案刚好装满且不压档案资料。完成装盒后须按照规定如实填写档案盒封面及脊背的各项内容，如图 5.7 所示为某机关单位使用的会计报表类档案盒展开图，其封面主要填写案卷起止日期、卷内张数、保管期限、全宗号、案卷号、目录号等内容，脊背重点填写案卷名称等。装盒之后按顺序排架即可，如图 5.8 所示。

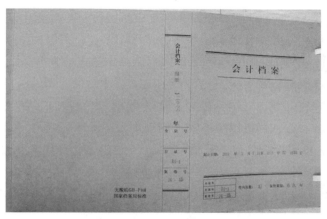

图 5.7　某机关单位会计报表类档案盒封面及脊背示例

图 5.8　会计档案装盒排架示例

5.3.3 电子会计档案的整理

以电子形式归档保存的会计档案有赖于会计核算业务与档案管理系统、电子会计文档一体化的管理技术以及完善的电子会计文档管理体系的支持。[24] 近年来，中国石油天然气集团有限公司（以下简称中石油）、航天信息股份有限公司、太平财产保险有限公司、京东等多家企业开展电子会计档案管理试点，实现了业务平台与电子会计档案管理系统的有效对接及电子会计档案的采集、整理、保管、利用等全流程、全生命周期规范化管理，并通过了国家档案局验收。

以中石油为例，其电子会计档案管理为其他相关部门实践提供了有益启示。[25] 从制度到技术，中石油构建了较为完备的电子会计档案管理体系。制度层面，中石油依据国家《会计档案管理办法》，结合石油企业业务实践现状针对性地制定了《中国石油电子会计档案管理办法》，规范财务部门和档案部门的职责，明确了会计档案数字化范围、收集、整理、保管、利用及业务流程；制定了《中国石油电子会计归档范围和电子档案保管期限表》，细化仅以电子形式归档保存的会计文件范围；制定了《中国石油电子会计档案"四性"检测规范》，明确了电子会计档案捕获、迁移、接收各阶段真实性、可靠性、完整性、可用性的检测对象、内容、方式和标准等。制度的细化为技术的智能化，如系统自动抓取归档、"四性"自动检测奠定了基础；《中国石油电子会计档案元数据规范》《中国石油电子会计档案格式规范》等系列规范的出台为落实电子会计档案管理提供了制度保障。技术层面主要表现为集成化、系统化的电子会计档案管理体系。该管理体系从生命周期角度设计了涵盖形成、办理、归档、保管、利用、鉴定、销毁的整个电子会计档案业务流程。[26] 首先，实现业务系统与财务系统集成，全面采集业务系统产生的原始凭证性文件，由财务系统制证并整理，形成完整系统的会计凭证；其次，集成财务与档案系统，财务人员借助财务系统归档模块将各种会计资料整理组件，以在线归档方式通过集成接口向档案系统移交，档案工作人员接收后可直接在档案系统中整理并转移至长期保存模块，完成会计档案的归档。电子会计文件的移交、归档以及整理具体可参见第 9 章。对于不具备完善的业务与档案管理一体化管理体系的企事业单位而言，不宜采用单轨单套归档保存会计档案。

此外，在进行电子会计档案整理时应注意电子备份，或用磁盘、光盘等脱机备份，对于重要的电子会计档案还应异地备份，防止地震、火灾等重大意外事故导致系统内电子会计档案的损毁。原则上脱机备份应选用最优质的光盘进行刻录，以保证电子会计档案数据实体与信息安全，且每份备份都应注明形成时间、目录、备份人姓名等内容，明确责任。因不同版本系统下电子会计档案数据结构可能不同,为保证备份数据的长期可用性,磁盘、光盘备份保存的电子会计档案需定期检查、定期复制或重新刻录;同时,磁盘或光盘备份保存的会计档案应远离磁场,注意防潮、防尘、防刮伤等。

5.4 会计档案保管期限

会计档案的保管期限,从会计年度结束后的第一天算起。根据《会计档案管理办法》,会计档案的保管期限分为永久、定期两类。一般而言,对日后工作查考以及经济活动研究具有长远利用价值的会计档案应当永久保管,如年度财务会计报告、会计档案保管清册、会计档案销毁清册、会计档案鉴定意见书等。对于仅在一定时间段内具有查考价值的会计档案,如会计凭证、会计账簿、月度会计报表等,应当定期保管,其期限一般分为 10 年、30 年。实践中,各单位确定会计档案保管期限时应参照《会计档案管理办法》规定的保管期限表(见附录5.1、附录5.2)执行,但其中所列各类会计档案保管期限均为最低保管期限,各单位可根据保管需求在其设定基础上进行调整,尤其是单位生成的会计档案具体名称与表中所涵盖会计档案种类名称不相符时,可对照类似档案的保管期限,确定该档案的保管期限。

参考文献

[1] 王英玮. 专门档案管理[M]. 北京:中国人民大学出版社,2017:87.

[2] 牛运盈. 新编会计基础精讲[M]. 北京:中国纺织出版社,2015:87.

[3] 陈信汛,朱继云. 基础会计[M]. 2 版. 重庆:重庆大学出版社,2015:144.

[4] 陈信汛,朱继云. 基础会计[M]. 2 版. 重庆:重庆大学出版社,2015:211.

[5] 中华人民共和国财政部. 政府会计制度——行政事业单位会计科目和报表[EB/OL]. (2017-10-24)[2021-05-20]. http://czj.xining.gov.cnhtml4472/325628.html.

[6] 中华人民共和国财政部. 企业会计准则第30号——财务报表列报[EB/OL]. (2014-01-26)[2021-05-20] http://kjs.mof.gov.cn/zhuantilanmu/kuaijizhuanzeshishi/200806/t20080618_46218.html.

[7] 蔡盈芳. 互联网+会计档案管理［M］. 北京：电子工业出版社，2019：15.

[8] 中华人民共和国财政部，中华人民共和国国家档案局. 会计档案管理办法［EB/OL］.（2015-12-15）［2020-06-11］. http://www.gov.cn/xinwen/2015-12/15/content_5024054.htm.

[9] 王英玮. 专门档案管理［M］. 北京：中国人民大学出版社，2017：125.

[10] 中华人民共和国财政部，中华人民共和国国家档案局. 关于规范电子会计凭证报销入账归档的通知［EB/OL］.（2020-03-21）［2020-06-11］. http://www.saac.gov.cn/dajtzgg202003/8ce4e7837d49494b9e35b74124cf8547.shtml.

[11] 中华人民共和国财政部，中华人民共和国国家档案局. 会计档案管理办法［EB/OL］.（2015-12-15）［2020-06-11］. http://www.gov.cn/xinwen/2015-12/15/content_5024054.htm.

[12] 王英玮. 会计档案管理的原理与应用［M］. 北京：中国档案出版社，2003：64-66.

[13] 中华人民共和国国家档案局. 会计档案案卷格式［S/OL］.（2008-06-20）［2020-06-12］. http://www.saac.gov.cn/dajhybz201806/2a5f4ad602524c04be66178373c9ff83/files/3a770cc3006243678c70846831-448490.pdf.

[14] 王英玮. 专门档案管理［M］. 北京：中国人民大学出版社，2017：105-106.

[15] 肖秋惠. 档案管理概论［M］. 武汉：武汉大学出版社，2009：276.

[16] 中华人民共和国国家档案局. 会计档案案卷格式［S/OL］.（2008-06-20）［2020-06-12］. http://www.saac.gov.cn/dajhybz201806/2a5f4ad602524c04be66178373c9ff83/files/3a770cc3006243678c7084683-1448490.pdf.

[17] 柳瞻晖，金洁峰，苏坚. 档案整理实务教程［M］. 上海：上海大学出版社，2021：110-111.

[18] 中华人民共和国国家档案局. 档号编制规则［S/OL］.（1996-06-12）［2021-05-20］. https://www.saac.gov.cn/dajhybz201806/36bb8e35-4b624164af86cfec75956de7/files/64d841742ad44327afa4586d135cebee.pdf.

[19] 中华人民共和国国家档案局. 机关档案管理规定［EB/OL］.（2018-10-23）［2020-09-12］. https://www.saac.gov.cn/dajxxgk201810/8515c1f79e904e08aef8bf63dcc9b1f7.shtml.

[20] 中华人民共和国教育部,中华人民共和国国家档案局. 高等学校档案实体分类法[S/OL]. (2008-08-20)[2020-06-12]. http://www.moe.gov.cn/jyb_xxgk/gk_gbgg/moe_0/moe_1964/moe_2431/tnull_39043.html.

[21] 中华人民共和国国家档案局. 会计档案案卷格式[S/OL]. (2008-06-20)[2020-06-12]. http://www.saac.gov.cn/dajhybz201806/2a5f4ad602524c04be66178373c9ff83/files/3a770cc3006243678c7084683-1448490.pdf.

[22] 中华人民共和国国家档案局. 会计档案案卷格式[S/OL]. (2008-06-20)[2020-06-12]. http://www.saac.gov.cn/dajhybz201806/2a5f4ad602524c04be66178373c9ff83/files/3a770cc3006243678c7084683-1448490.pdf.

[23] 中华人民共和国国家档案局. 会计档案案卷格式[S/OL]. (2008-06-20)[2020-06-12]. http://www.saac.gov.cn/dajhybz201806/2a5f4ad602524c04be66178373c9ff83/files/3a770cc3006243678c7084683-1448490.pdf.

[24] 蔡盈芳. 会计档案电子化管理背景、现状、难点及有关建议——在中国档案学会电子会计档案管理研讨会上的发言[J]. 档案学研究,2018（4）：78-81.

[25] 中国档案报. 助力企业数字转型与价值创造——中国石油电子会计档案的管理实践[EB/OL]. (2020-09-04)[2020-09-15]. http://www.zgdazxw.com.cnnews2020-09/04/content_310669.htm.

[26] 王强,高强. 数字转型单轨切换：中国石油数字档案管理系统特色与功能实现[EB/OL]. (2020-07-17)[2020-09-15]. https://mp.weixin.qq.com/s/fVRPEu4NFdMsQDcVw8KqRg.

附录 5.1　企业和其他组织会计档案保管期限

序号	档案名称	保管期限	备注
一	会计凭证		
1	原始凭证	30 年	
2	记账凭证	30 年	
二	会计账簿		
3	总账	30 年	
4	明细账	30 年	
5	日记账	30 年	

(续上表)

序号	档案名称	保管期限	备注
6	固定资产卡片		固定资产报废清理后保管5年
7	其他辅助性账簿	30年	
三	财务会计报告		
8	月度、季度、半年度财务会计报告	10年	
9	年度财务会计报告	永久	
四	其他会计资料		
10	银行存款余额调节表	10年	
11	银行对账单	10年	
12	纳税申报表	10年	
13	会计档案移交清册	30年	
14	会计档案保管清册	永久	
15	会计档案销毁清册	永久	
16	会计档案鉴定意见书	永久	

附录5.2 财政总预算、行政单位、事业单位和税收会计档案保管期限

序号	档案名称	保管期限			备注
		财政总预算	行政单位/事业单位	税收会计	
一	会计凭证				
1	国家金库编送的各种报表及缴库退库凭证	10年		10年	
2	各收入机关编送的报表	10年			
3	行政单位和事业单位的各种会计凭证		30年		包括：原始凭证、记账凭证和传票汇总表
4	财政总预算拨款凭证和其他会计凭证	30年			包括：拨款凭证和其他会计凭证
二	会计账簿				
5	日记账		30年	30年	

（续上表）

序号	档案名称	保管期限			备注
		财政总预算	行政单位/事业单位	税收会计	
6	总账	30 年	30 年	30 年	
7	税收日记账（总账）			30 年	
8	明细分类、分户账或登记簿	30 年	30 年	30 年	
9	行政单位和事业单位固定资产卡片				固定资产报废清理后保管5 年
三	财务会计报告				
10	政府综合财务报告	永久			下级财政、本级部门和单位报送的保管 2 年
11	部门财务报告		永久		所属单位报送的保管 2 年
12	财政总决算	永久			下级财政、本级部门和单位报送的保管 2 年
13	部门决算		永久		所属单位报送的保管 2 年
14	税收年报（决算）			永久	
15	国家金库年报（决算）	10 年			
16	基本建设拨、贷款年报（决算）	10 年			
17	行政单位和事业单位会计月、季度报表		10 年		所属单位报送的保管 2 年
18	税收会计报表			10 年	所属税务机关报送的保管 2 年
四	其他会计资料				
19	银行存款余额调节表	10 年	10 年		
20	银行对账单	10 年	10 年	10 年	
21	会计档案移交清册	30 年	30 年	30 年	
22	会计档案保管清册	永久	永久	永久	
23	会计档案销毁清册	永久	永久	永久	

注：税务机关的税务经费会计档案保管期限，按行政单位会计档案保管期限规定办理。

第 6 章　声像档案管理

知识目标

（1）掌握声像档案的内涵、特征及类别，了解声像档案管理的特殊性。
（2）明确声像文件材料的收集归档要求，明确声像档案的整理方法。
（3）掌握声像档案的保管期限及保管要求。

能力目标

（1）理解声像档案的内涵、特征及类别，明确声像档案管理工作的特殊性及重要意义。
（2）掌握声像文件材料收集归档整理范围、整理要求及整理方法，为科学有效开展声像档案管理工作奠定基础。
（3）准确确定不同类别声像档案的保管期限及保管条件。

案例导入

某公司于 2020 年 9 月 15 日举办了公司成立 20 周年活动庆典，活动中，摄影人员拍摄了大量照片，还录制了录音、录像。作为 2020 年度公司的重大事件，活动结束后，部门领导要求小张将此次活动中形成的有价值的照片、录音、录像文件收集归档。面对大量、散乱的声像文件材料，小张应如何做才能将文件材料收集齐全，完整归档该次活动中有价值的音像资料呢？

案例解析

声像档案以声音、影像等方式记录历史，通过画面、声音等形式再现历史活动原貌，辅以文字说明补充声像档案内容，突破了纸质档案单一的记录模式。做好声像档案管理工作能够丰富档案信息内容，因此，党政机关、企事业单位应对声像档案管理工作予以重视，依据国家、地区声像档案管理法规等制定切合实际的声像档案管理制度，明确本机构声像文件归档范围、整理方法，确保声像文件收集齐全完整，妥善保管，以备日后查考。

6.1 声像档案的概念

声像档案是一种载体特殊、记录方式多样、表现形式多元的档案类别。与其他档案类似,声像档案是机关、企事业单位、社会团体以及个人在实践活动中直接形成的具有保存价值的历史记录。声像档案以影像、照片为表现形式,以磁性、感光材料为主要载体,包括照片档案、录音档案、录像档案等类。[1]与其他类型档案相比,声像档案具有自身鲜明的特征:

一是记录方式多样性。传统纸质档案多是单一的文字记录,而声像档案则以声音、影像等直观、多样的方式记录历史实践活动,突破了纸质档案单一的记录模式,丰富了档案信息内容。

二是表现形式多元性。声像档案以声音、影像等方式记录历史活动,通过画面、声音等形式再现活动原貌,或辅以文字说明作为声像档案的补充,丰富了档案内容的表现形式。

三是载体特殊性。声像档案多以感光或磁性材料为载体。载体的特殊性一方面使得声像档案信息可大量存储、方便复制且可在不同载体间转换传播,[2]另一方面对外在的保管保护要求较高,如以磁性材料为载体的声像档案对温湿度、灰尘、有害生物、外界磁场等因素敏感,容易受损,[3]在实际工作中应根据不同载体的存储要求采取相应的保管措施。

6.2 声像文件材料的收集

声像文件材料的收集是指按照相关规定,通过各种方法将零散的声像文件材料收集起来,以便保管与利用。本章根据《机关文件材料归档范围和文书档案保管期限规定》《企业文件材料归档范围和档案保管期限规定》及《照片档案管理规范》(GB/T 11821—2002)、《数码照片归档与管理规范》(DA/T 50—2014)、《录音录像档案数字化规范》(DA/T 62—2017)、《录音录像档案管理规范》(DA/T 78—2019)等相关行业标准,明确声像文件材料的归档范围、归档时间以及归档原则等内容,确保声像文件材料的收集工作顺利进行。实际工作中,各单位应依据国家标准、行业标准,结合机构实际,制定符合机构声像文件材料的相关收集制度。

6.2.1 归档范围

归档范围是指声像文件材料应归档保存的范畴。声像文件材料主要包括照片、录音、录像文件,参照《照片档案管理规范》(GB/T 11821—2002)、《数码照片归档与管理规范》(DA/T 50—2014)及《录音录像档案管理规范》(DA/T 78—2019)等行业标准,声像文件材料归档范围可归纳如下:

(1)归档内容。概括而言,各单位在履职中形成的具有保存价值的声像文件材料均需归档保存,具体归档内容应包括:①单位职能相关的声像文件材料,记录本单位主要职能或反映单位重要工作成果的声像文件,例如,单位重要工作活动、承办的重要会议以及重点工程等与单位职能相关的重要活动中形成的照片、录音或录像文件,以及单位领导团体等重要人物相关的声像文件材料;②上级领导、著名人物等视察、调研或是参加本单位重大活动时产生的声像文件材料;[4]③地区重大事件相关的声像文件材料,即本单位组织或参与处理的如重大自然灾害、重大事故、突发事件等重大事件相关声像文件材料;④地区风土风貌相关的声像文件材料,即记录本地区地理概貌、城乡建设、名胜古迹等自然风光、民风民俗等相关的声像文件材料;⑤其他具有保存价值的声像文件材料。各单位的主要职能并不相同,收集归档的声像文件材料也应各有侧重,在具体的实践工作中,各单位应切合实际,立足单位,科学划定归档范围。

(2)非归档内容。不需要收集归档的声像文件材料往往是非单位工作重点、文件质量较差或是重复冗余的声像文件材料,包括:①不能反映本单位工作活动等的声像文件材料;②画面、影像等严重失真或内容残缺、不再具备查考价值的声像文件材料;③重复的声像文件材料。

6.2.2 归档时间

声像文件材料大多形成于各部门的生产、科研等各类社会实践活动中,一般掌握在拍摄者或录制者手中,分散于各部门或个人,所以声像文件材料的收集一般交由活动承办部门负责,由其初步整理后移交至档案管理部门。通常情况下,声像文件生成之后应及时将具有保存价值的文件材料移交归档,一般而言,应在声像文件形成的三个月内完成移交工作,最迟应在第二年6月底前完成归档,但一般不应跨年度归档。[5][6]对于比较重要的声像文件材料,其归档时间可根据实际情况灵活掌握,及时跟踪,尽快收集归档。应注意数码照片、数字音视频应及时同步上传至档案管理系统。

6.2.3 归档要求

归档时应保证归档声像文件的齐全、完整,通常以本单位形成的或能够反映本单位实践活动的声像文件材料为归档重点,注意筛选主题鲜明、影像清晰、画面完整且未加修饰剪裁的声像文件材料,[7] 以确保其真实、完整地反映实践活动。声像文件需添加文字说明等内容用以辅助说明记录内容,归档时应注意声像文件内容要素完备。

具体而言,声像文件归档时应满足以下要求:

(1) 原始文件。归档的声像文件材料应是未加任何修改和处理的原件,即经摄录设备直接形成的音视频文件以及直接拍摄形成的原始图像文件。

(2) 符合通用存储格式。以电子文件形式存储的声像档案,应采用通用格式并满足归档质量要求。具体可参照《电子文件归档与电子档案管理规范》(GB/T 18894—2016)、《数码照片归档与管理规范》(DA/T 50—2014)以及《录音录像档案数字化规范》(DA/T 62—2017)中关于声像类电子文件存储格式的要求,如表 6.1 所示。具体实践中,不同单位可根据自身业务需求、存管能力等在满足通用格式、最低存档质量要求的基础上,优化归档文件质量。

表 6.1 声像类电子文件通用格式及质量要求

文件类型	状态	捕获方式	存储通用格式	质量要求
照片	静态图像	拍照	JPEG、TIFF、RAW 等	未明确规定,择优选择
音频	声音	录音	WAV、MP3、ACC 等	不低于 44.1kHz
视频	动态图像、三维影像	录像	MPG、MP4、FLV、AVI 等	不低于 8Mbps

(3) 择优选择,把控归档文件质量及数量。对反映相同场景或同一主题内容的若干声像文件材料,应选择影像清晰、主题鲜明、内容完整的能够反映该项活动全貌的代表性文件材料归档。一般相同活动场景或主题只选择一份文件归档保存,避免重复归档。

(4) 内容完备。归档的声像文件材料应附加文字说明,用以辅助说明归档声像文件背景,综合运用事由、时间、地点、人物、背景等要素,概括其反映的主要内容。

(5) 检查无误后归档。声像档案载体特殊,对显示设备有要求且容易受外界干扰遭到破坏,所以归档时应先在相关设备上检测,保证归档文件能够正常运转、无病毒、无划痕,并确保内容完整、准确,图像、音频清晰、可用等之后方可归档。

此外，应注意录音、录像文件材料归档时，对于记录重大活动的录音、录像文件，应将活动筹备实施中形成的各种文字材料、重要实物等一并收集归档，[8] 以确保其全面真实地反映实践活动，如将某公司2020年度股东大会拍摄的照片及视频归档时，应将会上形成的公文、活动日程、领导讲话、交流发言材料、与会人员签名册、宣传册等一并归档，作为归档照片及视频文件的补充说明。

6.3 声像档案的整理

6.3.1 整理要求

声像档案的整理工作，是将零乱分散的声像文件材料，通过科学的分类编目等操作，使其有序化的过程。具体而言，整理声像档案应做到：

（1）尊重声像文件的形成规律和特点，整理时遵循文件间的历史联系，以便于保管利用为原则，结合其记录内容、保存价值、形成时间、载体类型等特征进行系统整理。

（2）通常情况下，同一项目、同一类别的声像档案应尽量存储在同一载体上，且应与文字材料的档号互相对应，互记参见号，以便于保管及查阅利用。[9]

（3）应及时进行脱机备份存储，以免声像档案记录丢失，且所附文字说明应全面准确地反映记录活动、时间、地点等内容。

（4）声像档案载体应装入专用装具或专用贮存柜存放。

6.3.2 分类

依据《机关档案管理规定》（国家档案局13号令），机关单位的声像档案常划分为照片档案（ZP）、录音档案（LY）、录像档案（LX）三类，分别设置一级类目，二级类目可根据实践需要设置。[10] 在实践工作中，各单位可参照国家档案局标准执行，将照片档案、录音档案、录像档案分类整理，企业、学校等也可根据自身业务实际需求，以便于保管和利用为原则，采用不同的标记符号设置声像档案分类类目。如某地区依据地区档案管理办法，分别将机关单位、企业、学校声像档案大类类目号设置为"G""Z""SX"，如表6.2、表6.3、表6.4所示。[11]

表6.2 机关声像档案分类类目		表6.3 企业声像档案分类类目		表6.4 学校声像档案分类类目	
类目号	类别号	类目号	类别号	类目号	类别号
G	声像档案	7	声像档案	SX	声像档案
G1	照片档案	7.1	照片档案	SX1	照片档案
G1.1	底片	7.1.1	底片	SX11	底片
G1.2	照片	7.1.2	照片	SX12	照片
G2	录音带	7.2	录音带	SX13	录音带
G3	录像带	7.3	录像带	SX14	录像带

6.3.3 整理方法

针对照片档案、录音档案、录像档案属类区分，各类整理方法具体如下。

6.3.3.1 照片档案整理

根据成像技术的不同，可将照片档案分为底片照片档案、数码照片档案。前者随着数字成像技术的成熟已基本不再产生，现各单位、各部门生成的照片档案基本都为数码照片。两类照片档案的整理方法虽不同，但两者在整理前都应先筛选照片，再根据各自特征分别整理。

1. 照片筛选要求

在某一实践活动或某一专题中往往会形成多张照片，所以整理前需要筛选以确保归档照片档案的质量。通常从照片的主题及照片的画面质量等方面入手，选择能够反映活动主题的具有代表意义的照片归档。应控制反映同一活动内容的照片数量，一般只选择一张归档。[12] 具体要求如下：

（1）主题鲜明。归档的照片应能够突出拍摄活动的主体及内容。

（2）影像清晰。归档的照片应具有较高的分辨率，保证图像清晰可辨。各地区机关单位、企业可根据自身保管需求和保管能力，选择恰当的照片分辨率。

（3）画面完整。归档照片画面应能够全面呈现实践活动的内容。也就是说，单张照片内容应当能覆盖整个活动场景，同一组内的照片之间应当连续、系统、完整地反映系列活动内容。

（4）原始图像。归档的照片不能加以修饰或裁剪，应当保证其最真实的状态。尤其是数码照片，每张照片的 EXIF（可交换图像文件格式）信息包含大量拍摄数据，是其归档整理的重要依据，在修饰或剪裁过程中一旦丢失就无法恢复，照片的真实性也遭到破坏。[13]

（5）真实自然。归档照片应当真实自然，尽可能还原实践活动现场情况。

2. 底片照片档案整理

传统底片照片档案由底片、照片、文字说明组成。底片是照片档案最原始的材料，分为原始底片和翻版底片。原始底片是照片形成中产生的，其稳定性较差，为防止磨损或丢失，通常不予外借；翻版底片是原始底片的复制品，主要用来保护原始底片，用于外借或补充原始底片的缺损。[14]照片是通过底片洗印而成，它能够直接再现被拍摄物体的形象，是人们利用照片档案的主体。文字说明是对照片背景信息的简短介绍，包括活动事由、时间、地点、人物、背景、摄影者等信息，能够为管理人员及利用者理解照片档案内容提供支持。

根据《照片档案管理规范》（GB/T 11821—2002）相关要求，照片档案的底片材质特殊，应单独整理存放，而照片和说明文字需一同整理存放。具体整理步骤如下：

（1）底片整理。

底片档案的整理包括底片的分类、编号、登录、装袋（专用底片袋）、入册、排列等步骤。底片档案的整理可参照《照片档案管理规范》（GB/T 11821—2002）。底片分类可按底片尺寸、片基材料、种类、年代及内容划分，实操中常选择负片、反转片或黑白彩色底片等底片种类的标准分类，以保护底片和便于复制照片。

底片编号的常规格式是"全宗号—保管期限代码—张号"①，对应保管期限为永久、定期30年、定期10年，其保管期限代码可选择"1、2、3"或"Y、D30、D10"。张号是底片在某一底片全宗排列中的顺序号，常用阿拉伯数字1、2、3等表示。确定编号后通常用铁笔横排将底片号刻录在底片乳剂面边沿处，即底片的登录。应注意底片编号应与照片号保持一致。

将底片一张一袋装入底片袋中，分用"K"与"F"在底片袋左上方标明拷贝或翻拍底片。入袋的底片可存于弱碱纸质载体芯页的底片册中，标明相同的底片号。应注意，若底片尺寸大于芯页，应衬以中性偏碱性纸张后置于档案袋或盒内，以保护底片不受损。同时需填写底片入册信息，包括册内底片缺损移毁情况说明，标记立册检查人员签名及时间，填齐底片册脊全宗号、保管期限、起止号及册号等信息内容。

（2）照片整理。

①照片分类。照片档案分类方法多种多样，可根据实际工作需求灵活选用，宜优先选择便于保管利用的分类方案。国家标准层面，照片档案一般以全宗为单位，采用"保管期限—年度—问题"的分类方案，对于跨年度且不可分的照片，

---

① 中华人民共和国国家质量监督检验检疫总局：《照片档案管理规范》，详见http://c.gb688.cnbzgkgb/showGb?type=online&hcno=6274733E32F53D7C89E868771A13748C。

宜采用"保管期限—问题—年度"的分类方案开展整理。[15]实操中可根据机构工作实际灵活调整照片档案分类方案,既可与相关文书档案分类方法保持一致,照片档案数量较多时也可从摄影目的、记载内容及照片表现形式等维度将其分为记录性照片、艺术性照片。[16]

②照片排列。照片排列根据分类方案进行,即在最低一级类目内,通常按照片的拍摄时间、重要程度等排列。同一年度,以单一主题内容组成的照片按时间顺序排列,多项内容组成的照片按重要程度进行排列。

③照片编号。照片编号是指赋予每张照片一组固定的号码,即照片号,它是由固定和反映每张照片在全宗内分类及排列顺序的一组字符构成,通常由全宗号、保管期限代码、册号、张号等组成。《照片档案管理规范》(GB/T 11821—2002)提供了常见的编号结构:A. 全宗号—保管期限代码—册号—张号;B. 全宗号—保管期限代码—张号。① 具体编写说明如下。

全宗号:对于机关单位,全宗号为档案馆为其编制的代号。对于企业等其他无须进馆保管的机构,全宗号可根据自身实际情况确定。

保管期限代码:照片的保管期限通常可用"YJ""30""10"分别代表保管期限永久、30 年、10 年。

册号:即该照片册在单位下同一保管期限内的排列顺序号,通常是从"1"开始按照顺序排列编号。

张号:若是采用格式 A 的编号结构,则张号是指该张照片在照片册内的排列序号,通常是从"1"开始按顺序编号;若是采用格式 B 的编号结构,则张号是指该张照片在同一保管期限内的排列顺序号,亦是从"1"开始按照顺序排列编号。

④照片装册。为防止照片档案受损,通常将其放置在专门的照片册中集中保管。照片册一般由 297 mm×210 mm 大小的芯页、封面和封底②组成。一般情况下,照片册芯页包括题名、照片号、底片号、参见号、时间、摄影者、文字说明等要素。照片册通常有两种形式,一是活页式芯册,二是定页式芯册,可根据具体情况选择合适的照片册。根据照片顺序号依次装入芯页时,为保证照片册外形美观,防止照片挤压受损,一本照片册芯页通常在 30 页③左右厚薄最为合适,可根据实际情况调整照片数量。对于一些幅面较大、难以装入照片册的照片,可将其单独放入专用的档案袋或档案盒中保存。应注意若照片册需竖直放置,应首

---

① 中华人民共和国国家质量监督检验检疫总局:《照片档案管理规范》,详见 http://c.gb688.cnbzgkgb/showGb? type = online&hcno = 6274733E32F53D7C89E868771A13748C。
② 中华人民共和国国家质量监督检验检疫总局:《照片档案管理规范》,详见 http://c.gb688.cnbzgkgb/showGb? type = online&hcno = 6274733E32F53D7C89E868771A13748C。
③ 中华人民共和国国家质量监督检验检疫总局:《照片档案管理规范》,详见 http://c.gb688.cnbzgkgb/showGb? type = online&hcno = 6274733E32F53D7C89E868771A13748C。

先将照片固定在专用纸板上,再放入档案袋或档案盒中;若水平放置,照片的堆放高度应适度,不宜过高,防止照片挤压受损。

⑤编写照片说明。照片档案是实践活动中某个画面的瞬间记录,或是某人、物的静态记录,往往无法完整反映整个事件及人、物的背景信息;而文字说明可以对照片档案记录画面进行补充介绍,两者相辅相成,共同构成了照片档案完整的内涵。比如某一人物的照片,对其人物、活动背景及时间等信息的介绍能全面反映实践活动;一些需永久保存的重大历史事件照片档案,若脱离文字说明,后世档案工作者或利用者将较难获取其内涵,或考证其价值。

第一,编写单张照片的文字说明。照片档案的文字说明以单张照片为编写单元,即每张照片都需编写相应的文字说明,采用横向分段书写,解释事件发生的事由、时间、地点、人物等反映照片内容的信息。参照《照片档案管理规范》(GB/T 11821—2002),单张照片说明通常应包含照片号、底片号、参见号、摄影者、说明等内容。① 应注意,单张照片的说明放置位置较为灵活,通常根据照片固定位置置于照片的右侧、左侧或正下方皆可。对于幅面较大的照片的文字说明可另备纸张书写,并与照片一并保存。

第二,编写照片组的总说明。照片组的总说明编写方式与单张照片说明类似。应简要概括该组照片反映的信息内容以及其他需要说明的事项,包括文字说明、照片组起止张号、组内照片数量、摄影者等信息。编写了总说明的照片组,组内单张照片说明可从简,但在单张照片说明上应标注组联符号,同组照片的组联符号相同,同一照片册内组联符号依次用①②③⋯⋯表示。② 此外应注意,整理照片时,若因保管期限或密级不同导致同组的照片分散在不同的照片册内,应在总说明中指出系列关联紧密的相关照片的保管期限、册号与组号,以便于查找利用。如6.1所示为某公司2020年度照片档案芯页示例。

编写说明时注意语言应简洁流畅,不宜长篇累牍,可综合运用事由、时间、地点、人物等要素概括照片档案所反映的全部信息。此外,其他需要进一步说明的事项也可在此栏注明,例如,照片归属权不属于本单位的,应注明照片版权、来源等信息。

⑥编制册内备考表。册内备考表是对照片册具体情况的记录说明,如册内照片缺损、补充、移出、销毁等情况以及立册人、检查人、立册时间等内容的记录,通常置于照片册的最后。

---

① 中华人民共和国国家质量监督检验检疫总局:《照片档案管理规范》,详见 http://c.gb688.cnbzgkgb/showGb? type = online&hcno = 6274733E32F53D7C89E868771A13748C。

② 中华人民共和国国家质量监督检验检疫总局:《照片档案管理规范》,详见 http://c.gb688.cnbzgkgb/showGb? type = online&hcno = 6274733E32F53D7C89E868771A13748C。

6.1　某公司 2020 年度照片档案芯页示例

⑦编制档案目录。编制照片档案目录时，著录项目主要包括照片号、底片号、题名、时间、摄影者、册号、页号、组内张数等信息，通常需要编制照片档案案卷目录、卷内目录。根据《照片档案管理规范》（GB/T 11821—2002），照片档案案卷目录应包含照片序号、案卷号、题名、起止年月、卷内张数、保管期限、备注等基本信息（表6.5）。照片档案卷内目录则应包括照片号/底片号、题名、拍摄时间、备注等信息。① 实际工作中可根据需求增删著录项目，如现存照片档案基本无底片，该项目便可根据实际情况删减。

表6.5　照片档案案卷目录示例

照片序号	案卷号	题名	起止时间	张数	保管期限	备注

⑧编制照片册封面与册脊。照片册的封面应印制"照片册"或"照片档案"字样，通常为查阅方便，会在照片册封面贴上小标签注明该照片档案的名称、题名、全宗号、案卷号、年度等内容，如图6.2所示。实操中，照片册封面还可以

---

① 中华人民共和国国家质量监督检验检疫总局：《照片档案管理规范》，详见 http://c. gb688. cnbzgkgb/showGb？type = online&hcno = 6274733E32F53D7C89E868771A13748C。

将题名细分为问题或案卷题名,增加保管期限、目录号等内容。针对案卷题名,如按"问题—年度"分类组卷,题名可依照机构名称、年度、问题、事件顺序填写,如"中山大学 2020—2021 年社团活动照片";而按"年度—问题"分类组卷的,题名可依照机构名称、年度、事件的顺序填写,如"中山大学 2021 年党群工作活动照片"。[17]

《照片档案管理规范》（GB/T 11821—2002）依据照片档号格式的不同提供了两种不同的照片册册脊格式,主要涵盖全宗号、保管期限、册号、起止张号等。其中,册号是照片册从"1"开始排列的顺序号,起止张号则是册内照片号的起止号。实践工作中,编写册脊时通常依据本单位的照片档号编制结构,如图 6.3 所示,主要反映照片档案的基本信息。

图 6.2　照片册封面示例　　　　　　　　图 6.3　照片册册脊示例

⑨排列上架。按照全宗号、保管期限、册号的顺序将照片册依次排列,上架保存。

3. 数码照片档案整理

数码照片档案与传统照片档案主要的区别在于两者生成原理的差异。数码照片是采用数字成像设备拍摄或经扫描仪扫描获得的,以数字形式存储,依赖计算机等数字设备阅读处理并可在通信网络上传送的静态图像文件。① 因其直接利用数字成像技术生成图像,所以归档保存的数码照片档案通常由照片本身及其文字说明组成。随着数码相机的普及以及传统胶卷照片的数字化技术应用,现有照片档案多为数码照片档案。数码照片档案的收集范围包括记录本机构主要职能活动与工作成果、重大活动会议、重点科研项目、公务活动、领导及先进人物典型活

---

① 中华人民共和国国家档案局:《数码照片档案管理规范》,详见 http://www.saac.gov.cn/dajhybz201806/316aa112d3d849c3b3ec4393b0b0ef14/files/fa9e9daf28b94a18883db0c4eb2870f8.pdf。

动等相关照片，保存期限划分为永久、30 年和 10 年。通常应在第二年 6 月份之前完成归档，其中，归档数码照片应为数码设备形成的且具有代表性的原件，推荐选择 JPEG 格式并附上相应文字说明。

（1）数码照片的整理。数码照片档案的整理通常包括分类、排列、编号、编写文字说明、编写数码照片档案目录、光盘编号、填写光盘标签、光盘校验、编制光盘目录等环节。

①分类与排列。同一全宗的数码照片一般采用"保管期限—年度—照片组"[①] 的分类方法，建立层级文件夹排列数码照片，即在"数码照片档案"总文件夹下分别建立"永久""30 年""10 年"等不同保管期限文件夹，在不同保管期限文件夹下按照年度分别建立不同年度文件夹，同一年度下分别建立照片组。通常以组编号命名文件夹，注意不同组的数码照片应分别整理，不能混淆。每次实践活动中形成的具有保存价值的数码照片都应及时拷入相应文件夹内及时分类保存。同一组内的数码照片可按照形成时间顺序排列。实践中各单位可根据实际工作需求，采用不同的分类方法，如为方便按年度管理、查阅数码照片档案，可采用"年度—保管期限—照片组"的分类方法。

②编号。整理时，数码照片文件需重新命名，赋予其编号，即数码照片的档号。《数码照片归档与管理规范》（DA/T 50—2014）规定数码照片可采用"保管期限代码—年度—照片组号—张号. 扩展名"[②] 的结构进行编号。其中，分别用"YJ""30""10"作为保管期限代码对应代表保管期限为永久、30 年、10 年；年度编号用 4 位阿拉伯数字表示；照片组号即该照片所在照片组的顺序号，用 4 位阿拉伯数字表示，同一年度内的照片组从"0001"开始依顺序编号；张号即该照片组内顺序号，用 4 位阿拉伯数字表示，同一照片内的照片从"0001"开始依顺序编号。如某单位 2021 年拍摄的一组××领导调研的数码照片为本年度内的第五组照片组，其保管期限为"永久"，存储格式为 JPEG，则该组照片中的第三张照片应命名为"YJ – 2021 – 0005 – 0003. jpg"。各单位参照国家标准执行时，常加入自身实践经验及需求，提出更有针对性的应用标准规范。如某单位采取"全宗号—分类号. 电子图像文件代码. 年度—组号（组内张号）"数码照片档号命名结构，则该单位全宗号为 175，2020 年第一组第五张数码照片档号可表示为"175 – G1. I. 2020 – 1（005）"。

[①] 中华人民共和国国家档案局：《数码照片档案管理规范》，详见 http://www.saac.gov.cn/dajhybz201806/316aa112d3d849c3b3ec4393b0b0ef14/files/fa9e9daf28b94a18883db0c4eb2870f8.pdf。

[②] 中华人民共和国国家档案局：《数码照片档案管理规范》，详见 http://www.saac.gov.cn/dajhybz201806/316aa112d3d849c3b3ec4393b0b0ef14/files/fa9e9daf28b94a18883db0c4eb2870f8.pdf。

③编写数码照片档案目录。数码照片档案目录是以张为单位对数码照片进行信息补充的目录信息，有一定的著录格式要求。《数码照片归档与管理规范》（DA/T 50—2014）要求数码照片档案著录项目应包括全宗号、保管期限、年度、部门、照片组号、张号、参见号、摄影者、时间、组题名、文字说明、文件格式、开放状态等项目①，具体填写说明如表6.6所示，该表中著录项目为录入档案系统的基本著录内容。一般数码照片电子目录应存在机关、企事业单位的档案管理系统中，个别没有档案管理系统的机构宜购买档案专用移动硬盘，用以存储档案的电子目录、电子文件等。归档时，有些档案部门要求移交纸质目录，具体实践中可依据地方数码照片档案接收标准编制相应的纸质目录。

表6.6 数码照片档案目录著录说明

基本著录项	约束性	字段类型	著录项说明
全宗号	必选	字符型	档案馆设定的立档单位的代号
保管期限	必选	字符型	所属保管期限，包括永久、定期（30年、10年）
年度	必选	字符型	形成年度，用4位阿拉伯数字表示
部门	必选	字符型	即归档部门，采用全称或规范化简称
照片组号	必选	字符型	所在照片组编号，用4位阿拉伯数字表示，同一年度的照片组从"0001"开始依顺序编号
张号	必选	字符型	组内编号，用4位阿拉伯数字表示，同一组内数码照片从"0001"开始依顺序编号
参见号	必选	字符型	与其有密切联系的其他载体档案的档号
摄影者	必选	字符型	拍摄单位或拍摄人名称
时间	必选	日期型	拍摄时间，采用8位阿拉伯数字表示
组题名	必选	字符型	所在照片组所共同反映的主要内容
文字说明	必选	字符型	对数码照片的概要说明，包括人物、地点、事由等要素，对应字段长度不超过254个字符
文件格式	必选	字符型	计算机文件类型，包括JPEG、TIFF或RAW等，推荐使用JPEG格式
开放状态	必选	逻辑型	是否开放的标记，用"Y"表示开放，用"N"表示不开放

---

① 中华人民共和国国家档案局：《数码照片档案管理规范》，详见 http://www.saac.gov.cn/dajhybz201806/316aa112d3d849c3b3ec4393b0b0ef14/files/fa9e9daf28b94a18883db0c4eb2870f8.pdf。

④离线存储。数码照片可采用建立层级文件夹形式存储，如2021年某机构围绕××会议拍摄了第一组会议照片，该组数码照片档案保存在计算机E盘根目录下的文件夹中，保存期限为30年，则该组数码照片的存放路径为E：\××会议数码照片档案\D30\2021\0001\。同时，为保障安全，需离线存储，通常选择一次写入型光盘、硬盘等耐久性较好的载体作为长期保存的存储载体。应注意软磁盘不能作为数码照片的存储载体。推荐选择一次性写入方式，低速刻录一式三套，一套封存保管，一套提供利用，一套异地保存。[18]刻录完成后，需对光盘等存储载体进行校验，核验数码照片文件、著录文件等各部分内容是否完整、能否顺利打开、文件数量是否准确等。检验无误后，将光盘等载体装入专用的档案装具并注明载体套别（如封存保管、查阅利用、异地保存）、载体编号、保管期限、年度、密级、存入日期等内容，以便于保管、查阅。图6.4为某公司数码照片光盘标签示例。实践中应注意一个归档年度可刻录一张或多张光盘，不同归档年度的数码照片不应刻制在同一张光盘内保存。

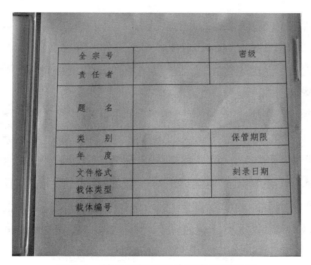

图6.4　某公司数码照片光盘标签示例

（2）纸质照片同步归档。实践活动中形成的具有保存价值的数码照片应挑选具有代表性的、能够反映活动面貌的打印成纸质照片同步归档。纸质照片归档整理可参见6.3.3.1节。

6.3.3.2　录音录像档案整理

按照记录方式，录音录像档案主要包括两种形式：一种是利用录像带、录音带等磁性载体保存声音和影像，又称为磁记录档案，即模拟记录。该类录音录像档案形成后要利用专门的音像视听设备才能收听或观看。[19]另一种是利用数码录音、摄像技术记录实践活动，即数字记录。该类录音录像档案属于电子文件，需借助计算机设备才能收听或观看。收集录音录像文件时，宜将相应的数字录像带、一次性写入光盘等记录载体一并收集，同时对重大活动筹备实施中形成的包括公文、活动日程、领导讲话、交流发言材料、名册、证件、纪念章等各种文字材料、重要实物等相关材料一并收集归档，并按文书档案整理要求整理、编目归档保存。

对于以模拟信号记录形式形成的录音录像档案，首先应按照《录音录像档案数字化规范》（DA/T 62—2017）中关于录音录像文件数字化技术参数、文件命名等相关要求进行数字化转换，形成数字副本，然后整理并建立目录数据库。[20]对于直接以数字记录形式形成的录音录像档案，应在保证录音录像电子文件真实性、完整性、可用性和安全性的基础上，通过转码、复制等方式将录音录像电子文件采集转存在计算机存储器中。应注意同一实践活动的录音录像电子文件应存储在同一文件夹后再整理，建立目录数据库。为保证归档录音录像电子文件的质量以及查阅利用顺利进行，应以通用开放格式存储，如录音电子文件归档格式宜采用 WAV、MP3、AAC 等通用格式，音频采样率不低于 44.1 kHz；录像电子文件归档宜采用 MPG、MP4、FLV、AVI 等通用格式，视频比特率不低于 8 Mbps。此外，对于珍贵的录像电子文件，也可收集归档一套 MXF 格式文件。①

1. 整理要求

（1）为保持录音录像档案之间的内在联系，应以件为管理单位进行整理，即以拍摄或录制形成的独立存在的录音录像文件为自然件，通过规范命名、著录等方式，建立录音录像档案与目录数据的对应关系，便于查阅利用。

（2）编号时应按录音录像档案形成时间顺序排列，按照规则依次编号。

（3）录音录像档案的收集范围包括反映本机构主要职能、组织沿革以及重大组织或领导人物活动、重点工程建筑项目或重大事件等有保存价值的录音录像记录。

2. 分类

对录音录像档案分类时，可参考《录音录像档案管理规范》（DA/T 78—2019）采用"年度—保管期限""保管期限—年度""年度—机构（问题）—保管期限"等分类方案。具体工作中可依据机构组织复杂程度以及具体业务需求设置分类方案，如简单的机构组织，采用"年度—保管期限"的分类方案即可。但应注意选用的分类方案应当具有一定的稳定性，不宜随意变更。

---

① 中华人民共和国国家档案局：《录音录像档案管理规范》，详见 http://www.saac.gov.cn/dajhybz201912/5b3adc136d6c4428bca60517658ac8e9/files/09a2d7a9c936424e9ca8a68941692ac5.pdf。

3. **存储与排序**

与数码照片档案相同，录音录像档案通过在计算机存储器中建立层级文件夹实现分类。通常根据单位设置的录音录像档案分类方案，在计算机存储器中按照年度、保管期限等类目逐级建立文件夹。在最低一级文件夹内将应归档的录音录像电子文件拷入其中，通常可以沿用摄录设备、转码设备自动生成的文件名，实现在最低一级文件夹内电子档案管理系统自动排序，以保持录音录像档案间的内在联系，或根据录音录像档案形成时间顺序排列。图6.5为录音录像电子档案层级存储结构与命名结构示例。如编号"X001－LY·2015－Y－001.mp3"，其中"X001"为全宗号，"LY"为录音电子档案形式代码，"Y"代表永久保管期限，"001"则为该录音电子档案的件号。

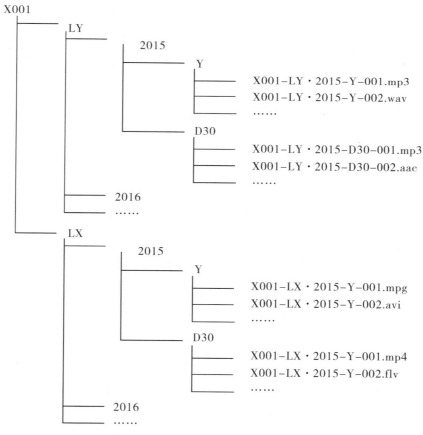

图6.5　录音录像电子档案层级存储结构与命名结构示例[21]

为保证存储安全，录音录像电子档案也可以离线方式进行归档，需结合计算机文件大小、载体容量、耐久性等因素适时选择离线归档载体，与数码照片档案离线存储方式一致，应将归档的录音录像电子文件、目录数据等按照原有存储结构复制到一次写入型光盘或移动硬盘，并按规则为离线归档载体编号。

4. 著录

著录即对归档的录音录像电子文件编写档案目录。对于基于电子档案管理系统归档存储的录音录像电子文件，应在电子档案管理系统完成在线著录；对于离线存储的录音录像档案，多使用 ET、XLS 格式的通用电子表格进行著录，以对所记录的实践活动进行概要说明，建立录音录像档案目录数据库；对于以模拟信号形式记录的录音录像档案，应在数字化转换中完成数字副本的目录数据库建立等工作。

应归档的录音录像电子文件都应按照《录音录像类电子档案元数据方案》（DA/T 63—2017）中相应元数据著录要求格式进行著录，根据《录音录像档案管理规范》（DA/T 78—2019），录音录像电子文件基本著录项目如表 6.7 所示。

表 6.7　录音录像电子文件基本著录项目[22]

基本著录项	约束性	数据类型	著录方式
计算机文件名	必选	字符型	自动
题名	必选	字符型	手工
责任者	必选	字符型	手工
摄录者	必选	字符型	手工
摄录日期	必选	日期时间型/字符型	手工/自动
时间长度	必选	日期时间型	手工/自动
计算机文件大小	必选	数值型	手工/自动
年度	必选	数值型	手工/自动
工作活动名称	必选	字符型	手工/自动
工作活动描述	必选	字符型	手工/自动
保管期限代码	必选	字符型	手工/自动
密级	必选	字符型	手工
原始载体编号	必选	字符型	手工
档案门类代码	必选	字符型	手工/自动
参见号	必选	字符型	手工
著录者	必选	字符型	手工/自动

表 6.7 中各项著录条目具体要求如下。

计算机文件名：即在计算机存储器中唯一标识录音录像电子文件的字符串，由文件名与扩展名两部分组成，一般由电子档案管理系统自动生成。

题名：即能够揭示该文件反映主题的标题，应根据文件所记录的实践活动的主题、参与人物、背景、事由等要素编写。

责任者：对录音录像电子文件所记录的内容负有责任的单位或个人，一般为该实践活动的主办方，但应注意规范填写单位全称或通用简称。

摄录者：填写录音录像电子文件的录制者或拍摄者及其工作单位的名称，以便确认责任主体。

摄录日期：录音录像电子文件的录制或拍摄日期，通常采用8位阿拉伯数字格式著录，一般为"yyyy-mm-dd"或"yyyymmdd"格式，可根据归档习惯选用，但需保持一致。

时间长度：录音录像电子文件持续的时间长度，以小时、分、秒为计量单位，一般以"hh：mm：ss"格式录入。

计算机文件大小：即录音录像电子文件的字节数。

年度：即录音录像电子文件的形成年度，应特别注意模拟信号和数字信号录音录像文件数字化或转码的年度除外。

摄录日期、时间长度、计算机文件大小、年度著录项目皆可由电子档案管理系统自动生成。

工作活动名称：标注录音录像电子文件所记录的实践活动，如重要会议、重大事件等的名称。同一项活动中形成多件录音录像文件时，其工作活动名称著录内容相同。

工作活动描述：对录音录像电子文件所记录的实践活动的主要内容进行描述，包括活动名称、起始日期、地点、主要人物、主要议程、结果等内容。同一项活动中形成的多件录音录像文件该项著录内容相同。

保管期限代码：即录音录像电子文件保管期限的代码，通常永久用"Y"表示，定期用"D"表示，如定期30年即可表示为"D30"。

密级：即录音录像电子文件的保密等级，分为秘密、机密和绝密3种。

原始载体编号：即记录或存储录音录像文件的原始载体编号，若有多个原始载体，其编号之间用"，"隔开。

档案门类代码：即录音录像文件的档案门类代码，根据《机关档案管理规定》，录音档案用"LY"表示，录像档案用"LX"表示。

参见号：即与录音录像电子文件密切关联的其他载体或门类档案材料的档号。

著录者：即对录音录像电子文件进行著录的责任人及其工作单位名称。

5. 归档

通常录音录像电子文件应自形成起3个月内向档案管理部门移交归档，最迟不能超过形成后的次年6月，[23]可采用在线、离线等方式归档。基于电子档案管理系统整理的录音录像电子文件可以在线方式完成归档；对于记录或存储录音录像文件以及目录数据的原始载体则以离线方式完成归档，可参照数码照片档案的光盘存储方式。

归档时应按照电子文件归档程序和要求实施录音录像电子文件及其元数据的归档（详情参见第9章），具体包括清点、鉴定、登记及填写"录音录像文件归档登记表"（表6.8）等步骤。具体而言，归档时应注意清点并核实录音录像电子文件原始载体及其记录或存储的录音录像文件，目录数据数量是否一致，重大活动文字材料、重要实物的数量是否正确，以及原始载体编号是否正确等。通常还需检测鉴定归档录音录像电子文件格式、著录是否规范，录音录像电子文件及其原始载体等是否含计算机病毒等。

表6.8 录音录像文件归档登记表[24]

单位名称				
归档时间		归档门类		□录音　□录像
归档数量	卷数：　件数：	文件大小：　MB	时间总长：	小时　分　秒
文件格式				
归档方式	□离线　□在线	原始载体类型与数量		
检验项目	检验结果			
载体外观检验				
病毒检验				
真实性检验				
可靠性检验				
完整性检验				
可用性检验				
文件形成部门（盖章） 经办人 负责人 　　　　　　　年　月　日		档案部门（盖章） 经办人 负责人 　　　　　　　年　月　日		

6. 审核与编制档号

按要求完成归档后，应对录音录像电子文件整理、著录结果予以审核并加以确认，并由电子档案管理系统按照预设规则自动为录音录像档案编制档号。《录音录像档案管理规范》（DA/T 78—2019）设置的档号编制规则包括 2 种：一是"全宗号—档案门类代码—年度—保管期限代码—件号"；二是"全宗号—档案门类代码—保管期限代码—年度—件号"。[①] 具体工作中，档案管理部门可直接采用上述档号编制模式，也可根据自身需求参照制定档号编制规则。

7. 命名

采用在线归档的录音录像电子文件在档号编制完成后，由电子档案管理系统自动使用档号为其命名，同时更新计算机文件名元数据值。

6.4 声像档案的保管

6.4.1 保管期限

保管期限是按照声像档案的保存价值所划定的保存年限，通常对记录同一实践活动或同一主题的声像档案划分同一保管期限，保管期限分为永久、定期，定期又分为 30 年、10 年。对于国家或地区行业主管部门有专门规定的声像档案，其保管期限应遵从相关规定。

6.4.2 保管要求

由于载体的特殊性，声像档案对保管要求较高，通常应在库房中配备专门的档案柜单独保存，集中保管。

6.4.2.1 底片照片档案保管要求

（1）底片照片档案的底片与照片采用专门装具分别存放。底片一般以专用的底片袋、底片册或底片盒作存放装具，照片册则有簿册式、插袋式、压膜式等类型。

（2）为保证存储环境稳定，底片、照片皆应在封闭空间保存，如使用存储柜、抽屉等保存。应注意考虑照片档案保管安全，存储柜/架不可选用木制等易

[①] 中华人民共和国国家档案局：《录音录像档案管理规范》，详见 http://www.saac.gov.cn/dajhybz201912/5b3adc136d6c4428bca60517658ac8e9/files/09a2d7a9c936424e9ca8a68941692ac-5.pdf。

燃材料，应选择不可燃、耐腐蚀的材料且喷涂用料应稳定耐用，并对底片照片无有害影响；同时，存储柜之间需保留适当距离，以确保内部空气循环流通。

（3）保持恒温恒湿环境。按照《照片档案管理规范》（GB/T 11821—2002）相关要求，底片、照片档案存储推荐的最高温度和相对湿度如表6.9所示。

表6.9 照片档案存储适宜的温湿度环境[25]

类型	中期贮存		长期贮存	
	最高温度/℃	相对湿度/%	最高温度/℃	相对湿度/%
黑白底片	25	20～50	21 15 10	20～30 20～40 20～50
彩色底片	25	20～50	2 -3 -10	20～30 20～40 20～50
黑白照片	25	20～50	18	30～50
彩色照片	25	20～50	2	30～40

注1：中期贮存是指胶片、照片在表中规定的温湿度条件下至少能保存10年。长期贮存是指胶片、照片在表中规定的温湿度条件下至少能保存100年。
注2：推荐选择数值范围内较低的温、湿度环境，更能延长贮存时间。

如上所示，应保证照片档案存储空间的温湿度条件适宜。长期存储时24小时内温度的周期变化不应超过±2℃，相对湿度变化不应超过±5%；中期存储时24小时内温度的周期变化不应超过±5℃，相对湿度变化不应超过±10%。注意当底片与照片档案适宜存储的温湿度与其提供利用的空间的温湿度差别较大时，为防止底片与照片档案受损，应设置缓冲间，提供利用前应先在缓冲间过渡几小时。

（4）为保证存储空间的温湿度条件，应配备独立的空气调节系统、除湿机等设施设备，维持存储空间温湿度条件稳定。

（5）定期抽检。通常每隔两年需对底片照片进行抽样检查，每隔五年进行全面检查。若存储环境温湿度波动较大，应缩短检查间隔期，密切观察底片照片的变化情况，如卷曲、变形、变脆、粘连、破损、霉斑、褪色等，并注意观察包装材料是否变质，并做好检查记录，以备查考。若发现底片照片出现损毁情况，应及时查明原因并采取补救措施。

6.4.2.2　数码照片档案保管要求

（1）在线存储的数码照片档案保管要求参见电子文件保管要求（详见第9章）。

（2）数码照片档案离线存储载体保管要求首先对数码照片档案存储载体进行防写处理，避免发生擦、划、触摸记录涂层等破坏档案等情况；其次，为防止挤压造成档案受损，应将存储载体装盒，并且竖立存放；同时远离强磁场、强热源，并隔离有害气体、强紫外线等；[26]对于数码照片档案载体存储温度的控制，光盘应控制在17～20 ℃，24小时内温度变化不超过±2 ℃，磁性载体应控制在15～27 ℃，24小时内温度变化不超过±3 ℃；在相对湿度控制上，光盘应控制在20%～50%，磁性载体应控制在40%～60%，24小时内相对湿度变化不超过±5%，确保载体存储环境适宜。①

（3）为保证数码照片档案长期可读，应建立数码照片档案的定期检查制度。通常存储数码照片档案的磁性载体每两年、光盘每四年进行一次抽样机读检验，且应保证抽样率不低于10%，若发现问题应及时采取保护措施。同时，磁性载体数码照片档案应每四年转存一次，保留原载体时间不少于四年。

6.4.2.3　录音录像档案保管要求

（1）以电子形式在线存储的录音录像档案，其档案保管条件要求参见电子文件保管要求（详见第9章）。

（2）保存录音录像档案载体时应在档案库房配备档案柜、防磁柜等专用装具，对其原始载体、离线备份载体集中保管。

（3）录音录像档案载体要求参见数码照片档案保管要求（见6.4.2.2节）。

（4）对原始载体、离线备份载体定期检测，以确保存储载体的长期可读性。具体而言，未达到一级预警线，归档光盘每两年检测错误率一次；一级预警线到二级预警线之间，归档光盘每一年检测错误率一次；二级预警线到三级预警线之间，归档光盘每半年检测错误率一次。②③ 遇到光盘参数超过三级预警线、硬磁盘情况异常时，应立即转换或更新原始载体和离线备份载体。

---

　　① 肖秋惠：《档案管理概论》，武汉大学出版社2009年版，第294页。
　　② 中华人民共和国国家质量监督检验检疫总局：《照片档案管理规范》，详见 http://c. gb688. cnbzgkgb/showGb？type = online&hcno = 6274733E32F53D7C89E868771A13748C。
　　③ 为保证归档光盘的数据安全，《电子文件归档光盘技术要求和应用规范》（DA/T 38—2008）设立三级预警线：一级预警线即 CD – R 光盘的块错误率 BLER = 120，DVD±R 光盘的内码奇偶校验错误 PIE = 140。二级预警线即 CD – R 光盘的块错误率 BLER = 160，DVD±R 光盘的内码奇偶校验错误 PIE = 180。三级预警线即 CD – R 光盘的块错误率 BLER = 200，DVD±R 光盘的内码奇偶校验错误 PIE = 240。

参考文献

[1] 施晔红. 企业文书与档案管理实务［M］. 武汉：武汉大学出版社，2011：146.

[2] 刘家真. 声像档案管理与保护［M］. 武汉：武汉大学出版社，1993：14.

[3] 肖秋惠. 档案管理概论［M］. 武汉：武汉大学出版社，2009：285-286.

[4] 中华人民共和国国家档案局. 企业文件材料归档范围和档案保管期限规定［EB/OL］.（2012-12-20）［2020-06-12］. http://www.saac.gov.cn/dajbmgz201212/8673b4b4c07d43f4aad50fbcf287cb36/files/1139200a5bf6490aaafb63ef16f6db9e.pdf.

[5] 中华人民共和国国家档案局. 录音录像档案管理规范［S/OL］.（2019-12-16）［2020-06-12］. http://www.saac.gov.cn/dajhybz201912/5b3adc136d6c4428bca60517658-ac8e9/files/09a2d7a9c936424e9ca8a68941692ac5.pdf.

[6] 中华人民共和国国家质量监督检验检疫总局. 照片档案管理规范［S/OL］.（2002-12-04）［2020-06-12］. http://c.gb688.cnbzgkgb/showGb?type=online&hcno=6274733E32F53D7C89E868771A13748C.

[7] 纪如曼，王广宇. 文书处理与档案管理［M］. 上海：上海财经大学出版社，2015：218.

[8] 中华人民共和国国家档案局. 录音录像档案管理规范［S/OL］.（2019-12-16）［2020-06-12］. http://www.saac.gov.cn/dajhybz201912/5b3adc136d6c4428bca60517-658ac8e9/files/09a2d7a9c936424e9ca8a68941692ac5.pdf.

[9] 广州市档案局. 档案整理技巧与图解［M］. 北京：中国档案出版社，2008：112.

[10] 中华人民共和国国家档案局. 机关档案管理规定［EB/OL］.（2018-10-23）［2020-09-12］. https://www.saac.gov.cn/daj/xxgk/201810/8515c1f79e904e08aef8bf63dcc-9b1f7.shtml.

[11] 广州市档案局. 档案整理技巧与图解［M］. 北京：中国档案出版社，2008：110-111.

[12] 中华人民共和国国家档案局. 数码照片档案管理规范［S/OL］.（2014-12-31）［2020-06-12］. http://www.saac.gov.cn/daj/hybz/201806/316aa112d3d849c3b3ec4393-b0b0ef14/files/fa9e9daf28b94a18883db0c4-eb2870f8.pdf.

［13］中华人民共和国国家档案局. 数码照片档案管理规范［S/OL］. (2014－12－31) ［2020－06－12］. http://www.saac.gov.cn/daj/hybz/201806/316aa112d3d849c3b3ec4393-b0b0ef14/files/fa9e9daf28b94a18883db0c4-eb2870f8.pdf.

［14］吴良勤，付琼芝. 信息工作与档案管理［M］. 2版. 武汉：华中科技大学出版社，2017：199－200.

［15］中华人民共和国国家质量监督检验检疫总局，中国国家标准化管理委员会. 电子文件归档与电子档案管理规范［S/OL］. (2016－08－29) ［2020－06－12］. http://c.gb688.cnbzgkgb/showGb?type=online&hcno=EB1CC0500D91490B-5D219823AC1F3D16.

［16］吴良勤，付琼芝. 信息工作与档案管理［M］. 2版. 武汉：华中科技大学出版社，2017：188.

［17］柳瞻辉，金洁峰，苏坚. 档案整理实务教程［M］. 上海：上海大学出版社，2021：125－127.

［18］王英玮.《数码照片归档与管理规范数码照片归档与管理规范》解读与思考［J］. 北京档案，2018 (10)：20－25.

［19］吴良勤，付琼芝. 信息工作与档案管理［M］. 2版. 武汉：华中科技大学出版社，2017：196.

［20］中华人民共和国国家档案局. 录音录像档案数字化规范［S/OL］. (2017－08－02) ［2020－06－12］. https://www.saac.gov.cn/daj/hybz/201806/9d13ff4963f146ce-861527917def163c/files/47f8ce356451473986-56f798434f154b.pdf.

［21］中华人民共和国国家档案局. 录音录像档案管理规范［S/OL］. (2019－12－16) ［2020－06－12］. http://www.saac.gov.cn/dajhybz201912/5b3adc136d6c4428bca60517658-ac8e9/files/09a2d7a9c936424e9ca8a68-941692ac5.pdf.

［22］中华人民共和国国家档案局. 录音录像档案管理规范［S/OL］. (2019－12－16) ［2020－06－12］. http://www.saac.gov.cn/dajhybz201912/5b3adc136d6c4428bca605176-58ac8e9/files/09a2d7a9c936424e9ca8a68-941692ac5.pdf.

［23］中华人民共和国国家档案局. 录音录像档案管理规范［S/OL］. (2019－12－16) ［2020－06－12］. http://www.saac.gov.cn/dajhybz201912/5b3adc136d6c4428bca60517658-ac8e9/files/09a2d7a9c936424e9ca8a68-941692ac5.pdf.

［24］中华人民共和国国家档案局. 录音录像档案管理规范［S/OL］. (2019－

12-16)[2020-06-12]. http://www.saac.gov.cn/dajhybz201912/5b3adc136d6c4428bca60517658-ac8e9/files/09a2d7a9c936424e9ca8a68-941692ac5.pdf.

［25］中华人民共和国国家质量监督检验检疫总局. 照片档案管理规范［S/OL］.（2002-12-04）[2020-06-12]. http://c.gb688.cnbzgkgb/showGb? type = online&hcno = 6274733E32F53D7C89E868771A13748C.

［26］中华人民共和国国家档案局. 磁性载体档案管理与保护规范［S/OL］.（1996-03-01）[2020-06-12]. http://www.saac.gov.cn/dajhybz-201806/d94f48b07d1949c4832-a31d803c3efc3/files/ed40cc23c3094d209-431fee09c9b013a.pdf.

第 7 章　实物档案整理

知识目标

（1）掌握实物档案的概念及特点。
（2）掌握实物档案的收集和归档要求。

能力目标

（1）掌握实物档案的整理步骤。
（2）能根据规范对实物档案进行分类、拍照、贴签等整理实操。

案例导入

某大型国有企业成立至今产生了大量实物档案，正值公司周年纪念日，计划办一场展览，需要档案部门提供有意义的重要实物进行展出，而由于档案部门长期未开展实物档案的收集工作，也未进行规范性的整理，以至于实物档案分散于各个部门手中，且已经收集的实物档案也未进行分类、拍照、编号等操作，处于无序状态，无法提供，只能临时紧急开展实物档案收集整理工作以应对这次展览任务。

案例解析

实物档案的来源途径多，归集难度大，但也是机构做好实物档案整理工作的基础。同时，实物档案整理现已不仅限于分类、编号、贴签、上架入柜等工作，随着技术的发展，实物档案的数字化工作也尤其重要，平面拍摄、三维拍摄都是实物档案整理需要加入的步骤。这些工作既能确保实物档案原件的长期保存，又能便捷地提供利用。

7.1 实物档案的概念

实物档案是机关、团体、企事业单位及个人在社会活动中直接形成的，以实物为载体的，能够反映本单位职能活动、展现历史面貌的具有保存价值的特定的有形物品，是一个机构内档案的重要组成部分，是其他载体形式档案的延伸和补充。对于个人而言，实物档案则是指具有保存价值的能够反映其参与社会活动和个人真实经历的有形物品。实物档案是文字、图表、声像档案的重要补充，保留实物档案可以更为全面地反映机构完整的历史记录，积淀和传承机构的文化。[1]

7.2 实物档案的特点

关于实物档案的特点，存在多种归纳方式，部分学者强调其档案的属性特点，将实物档案的特点概括为原始记录性、直观性、多样性、保管和整理分类的难度大、非独立存在性、具有档案和文物的双重性质等。[2] 部分学者则基于该类档案的实物特质，将其特点归纳为种类多样性、载体广泛性和形态复杂性等。[3] 鉴于实物档案的实物形式及档案属性，实物档案的特点可归纳为载体多样性、直观性、来源多元性、非独立存在性等。

7.2.1 载体多样性

与纸质档案相比，实物档案是以各种实体形式存在的，具有载体形态各异、大小不一等特点。我国古代档案载体多以实物为主，种类繁多且形态各异，历经甲骨、金石、简牍、缣帛到纸张等档案载体形态漫长的发展演进过程，并最终以纸质的形式稳定存在。随着造纸及印刷术的普及，实物档案慢慢减少。随着近现代工业文明与记录技术的发展，当前实物档案的载体材质由金属、塑料、玻璃、石膏、陶瓷、水晶等实物制成，表现为奖状、奖杯、奖牌、证书、字画、锦旗等多种类型（图7.1）。由于大小规格类型多样，给实物档案的管理与保护带来困难。

图 7.1 奖状、奖杯、证书、牌匾等实物档案

7.2.2 直观性

实物档案的形状各异，色彩形态丰富，具有鲜明、强烈的视觉效果。较之平面文字和图片档案，有形的实物可直接凸显主题内容，如奖杯、奖状、荣誉证书等实物档案，直接展示并证明持有单位或个人的荣誉和业绩，较之平面纸质档案如文书档案等，更直观生动地呈现出其档案价值。

7.2.3 来源多元性

实物档案的来源渠道广泛，除了音像载体类实物档案，其他类型的实物档案多数源于外部机构，如奖杯证书等荣誉类实物档案多由上级机关颁发，证照类实物档案多由特定授权或资质授予组织专门制发。由于实物档案收集整理时需要兼顾其多元来源的特点，增加了此类档案的收集难度，因此，该类档案的收集工作通常由相关单位职能部门协同开展。

此外，实物档案的作用与价值通常需要辅以文字材料说明来完整体现。如奖杯类实物档案通常需要辅以一定的文字说明才能传递该实物档案的背景、内容或结构信息。因此，采取实物与其相关文字材料同时归档的方式才能完整体现实物档案的价值。实物档案是具体历史事件、机构发展沿革的重要记录，通过与相关的纸质档案互补互证，可较为全面地反映组织沿革或行业发展大事，因此，实物档案可看作文书档案的延伸和补充。

除了以上特点之外，实物档案还具有非独立存在、具有文物属性等特点，充分了解实物档案的特性，是实物档案有序整理的前提。[4]

7.3 实物档案的收集归档

7.3.1 归档范围

凡是本单位或个人行使职能活动中形成、获得或者接收的具有一定保存价值的实物均属于实物档案的归档范围。由于我国目前暂无国家或省级层面的实物档案归档办法或条例，实践中实物档案的归档范围应与各大类档案的纸质载体相对应，结合实物档案的概念及特点，参考本部门的具体做法划定。

综合我国各地各行业实物档案归档范围的相关规定，本书建议实物档案的归档范围可按照归档来源划分，包括：

（1）本地区、本单位第一批生产、获奖的重要产品样品，本单位获得的各种奖状、奖杯、奖牌、锦旗、荣誉证书等。

（2）本单位组织开展的重大活动中形成的各类纪念品。

（3）单位成立以来使用的牌匾，上级领导单位、社会知名人士及其他有关单位赠予本单位的题词、字画、锦旗、牌匾、工艺品等。

（4）本单位在对外交往活动中获赠的重要纪念品。

按照归档实物的性质可分为：

（1）奖品实物类（政治、经济、科研、文化、体育活动中获得的奖品、奖章、证书等）。

（2）印信实物类（机构变更中形成的钢印、铜印、木印等）。

（3）礼品类（机构对外交往中汇集的题词、赠画、赠言、纪念品等）。

需要明确的是，超大、超重、移动不便的实物以及非社会活动形成的实物可不划入实物档案的归档范围。[5]

7.3.2 归档时间

鉴于实物材料的特殊性，实物档案通常在形成时就应及时向本单位档案部门归档移交，一般不跨年度归档；归档的实物如未标明归档时间，移交单位或个人应在移交时对实物的形成时间进行说明。

归档中，由于荣誉证书、奖状、奖杯等实物档案存储装具各异，所需存储空间较大，且业务部门通常无过多闲置空间暂存归档实物，考虑到实物一经获得就具有保存和展示的时效性及新颖性，所以收到并做好登记后，实物可以随即移交至档案部门归档保存。

7.3.3 归档要求

（1）归档实物应保持干净、整洁、无破损，任何机构或个人不得随意将归档实物损坏私存或转送他人。

（2）归档实物应当同时拍照归档，形成的照片材料按声像档案整理的要求整理归档，两者之间要建立一一互联关系，标明互见号。

（3）个人在公务活动中获得的奖杯、证书、纪念品等实物档案应先由本机构档案管理部门拍照登记，再交由个人保管，或根据个人意愿，也可以交由单位保管。

（4）礼品类的实物档案与授予的荣誉类、赠品类、声像类的实物档案性质不同，是单位礼尚往来的证明和记录，分类时可单列。

实物档案向档案馆归档移交应结合具体归档时间及实物内容开展具体归档工作。以广州市为例，《广州市档案管理规定》第十二条明确规定，机关、人民团体、国有企业事业单位应当在下列资料和物品形成或者获得后的 5 年内向同级国家档案馆移交：

（1）授予或者赠送市、区、县级市人民政府的奖牌、奖杯、奖状、锦旗、荣誉证书、礼品等有保存价值的实物；

（2）本市召开的国际性、全国性、地区性的重要会议及全市性重大活动形成的题词、字画和照片、录音、录像等文字、声像资料；

（3）反映本市经济社会各项事业发展情况和具有历史性保存价值的其他资料和物品。[6]

7.4 实物档案的整理

实物档案的整理一般包括分类、拍照建档、排列、编制档号、贴签、编制目录、装订目录、装盒、上架、入柜等步骤。

7.4.1 分类

分类是实物档案整理的开始环节，将实物档案按照一定规则划分类别以方便后续整理环节的开展，便于档案利用。由于实物档案载体和管理的特殊性，实物档案的分类方法与其他类型档案不同。为实现实物档案的有序管理和高效利用，本书建议按实物档案的载体形态或实物内容进行合理分类。

7.4.1.1 按载体形态分类

由于实物档案的载体形态各异，可以按照载体形态对实物档案进行分类，实操中可分为可折叠和不可折叠两大类。

（1）可折叠类。本机构具有保存价值的各种证书、奖状、字画、纪念册等实物。

（2）不可折叠类。本机构具有保存价值的奖杯、牌匾、印章等实物。

7.4.1.2 按实物内容分类

按照实物内容可以将实物档案分为荣誉类、纪念品类、赠品类、印信类、产品类、其他类。

（1）荣誉类。本单位获得的具有保存价值的各种荣誉证书、奖状、锦旗、奖杯、奖章、奖牌、牌匾等实物。

（2）纪念品类。本单位举办或承办重大活动形成的具有保存价值的凭证性实物，包括活动纪念品、纪念邮票、题词、字画、印章等实物。

（3）赠品类。本单位国内外活动中获赠的以及个人捐赠的具有保存价值的纪念杯、纪念章、纪念册、纪念票证、题词、字画、票证、礼品、工艺品、牌匾等。

（4）印信类。本单位已宣布停止使用的印信（如旧印章）。

（5）产品类。本单位行使职能活动时形成、制作或收存的模型样品、中试产品、终端成品等实物，如徽标（章）、钱币、票证、邮票、纪念币、工装、设备等。

（6）其他类。其他反映本单位各项业务发展情况和具有历史保存价值的物品。

7.4.2 拍照建档

为了充分反映实物档案归档原貌，需要对归档实物拍照存档，建立归档实物的照片档案。为全面、真实地反映实物档案的真实面貌，拍照时需要拍摄实物的全貌、正视及俯视角度等主要代表面，必要时还需拍摄实物底部。待实物档案实体整理完毕后，再将所拍摄的照片与实物档案的目录挂接。[7]

在对实物档案拍照时，应考虑其后续利用保管的便利性和安全性，为最大限度地还原实物档案的真实面貌，建议使用三维立体图像拍摄技术辅助开展实物档案的拍照建档工作。

三维立体图像拍摄技术随着计算机和软件技术的发展被诸多领域广泛运用。目前该技术在文物与博物馆领域展现出很高的实用价值。通过三维立体图像拍摄技术，可以完整地将实物表面的物理特征记录下来，通过模型分析以确定实物的纹理和映射，进一步重构得到所需要的三维模型。区别于传统二维拍摄技术，三维立体图像拍摄技术所获得的结果不再是实物的某一平面，而是实物全方位的三维立体信息，输出的也非平面图像，而是包含实物各个面上采集样点的三维空间坐标以及色彩信息在内的一个三维立体模型。

由于实物档案具有立体性特质，传统平面影像即便采用多角度拍摄视角也必然会产生一定的视觉误差，记录实物档案信息并不完整。为此，在实物档案保存和管理过程中，可以适当地采用三维立体图像拍摄技术来弥补平面拍摄技术的不足，完整保存实物原貌。

7.4.3　排列

实物档案的排列是指按照一定的原则和方法设定各类实物的先后次序，旨在通过排列增强实物档案系统化程度，保持实物档案的联系，方便检索利用。

建议实物档案的排列遵循载体原则和时间次序原则。同一类目内的实物档案首先可以按照不同载体形态排列，将同一载体的实物档案排列在一起，有利于目录检索和实物存取，外观上也整齐美观。其次，在同一载体下可再按照实物形成时间的先后次序系统排列。[8]以印章类实物档案为例，印章排放顺序应与分类方法一致，一般排放前都应在印章柄上粘贴印章编号，然后按编号顺序放入印章盒内。

7.4.4　编制档号

实物档案的档号由全宗号、各级类目号和案卷号组成。档号在最下位的一类内按实物形成时间的先后顺序依次编一个流水顺序号。其中，分类号还可以根据各单位分类的具体情况分为一级类目号和二级类目号。（图7.2）

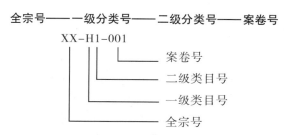

图 7.2　机关单位实物档案档号编制示例

7.4.5 贴签

贴签是指标注实物档案在全宗中的位置，并以标签的形式粘贴在实物上。其目的是反映实物档案的分类、排列、编号等系统化工作的成果。通过贴签可确定实物档案在全宗中的位置，并为后续的归档编目以及日后档案检索利用提供条件。

实物档案标签的编制应注意以下几点。

（1）标签贴纸的规格大约为 30 mm×70 mm。

（2）标签中可包含的内容有全宗号、分类号、档号、题名、时间、授予者或捐赠者。（表7.1）。

表7.1 实物档案标签示例

实物档案小标签			
全宗号		时间	
分类号		授予者或捐赠者	
档号			
题名			

（3）填写说明。

①全宗号：填写实物档案所属的全宗号。

②分类号：填写实物档案所属的分类号。

③档号：填写由全宗号、分类号、案卷号等组成的档号，以7.4.4节编制档号的要求为准。

④题名：填写实物档案的内容属性和形态特征的名称。

⑤时间：填写获得实物的时间。

⑥授予者或捐赠者：填写授予或捐赠该实物的单位或人的名称。

7.4.6 编制目录

通常实物档案按类别分别编制目录，以"件"为单位进行编目，每件实物在实物档案目录中只体现为一个条目，即一件实物对应一条目录。按照分类、排列、贴签的结果逐类逐件地编制目录，可系统全面地揭示实物档案的全貌。通常实物档案归档文件目录包括档号、题名、制发单位、制发时间、保管期限、载体

类型、存放地点、备注等要素。（表 7.2）

表 7.2 实物档案归档文件目录

档号	题名	制发单位	制发时间	保管期限	载体类型	存放地点	备注

实物档案归档文件目录填写说明如下。

①档号：填写前期编好的档案号，包括全宗号、分类号、案卷号等。

②题名：填写该件实物的主题或具体名称。

③制发单位：填写实物制作、颁发单位。

④制发时间：填写实物制作、颁发时间。

⑤保管期限：填写永久、定期 30 年或定期 10 年。

⑥载体类型：填写实物的形态、特征和制成材料。

⑦存放地点：填写实物保存地点，如"档案室""陈列室"等。

⑧备注：填写需要说明的其他事项。

7.4.7 装订目录

实物档案编目完成后，需要进行目录装订。实物档案目录由目录夹封面、实物档案目录合订而成。目录夹封面、脊背应贴上"小标签"，并填写各项内容。目录夹封面"小标签"填写项目包括全宗名称、全宗号、类别、年度、目录号、保管期限；脊背"小标签"填写项目包括全宗号、目录号、案卷起止号、年度、保管期限。[9]（图 7.3）

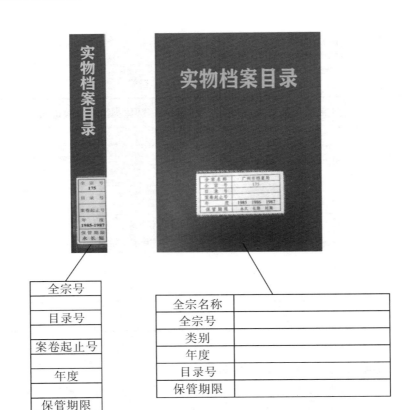

图 7.3 实物档案目录示例

7.4.8 装盒、上架、入柜

实物档案的装盒是指将实物按照编制档号的顺序装入档案盒中。能够入盒的实物类型主要是可折叠的或形体较小的实物，如奖状、证书、锦旗、印章等。同时，盒内还需要设置实物档案目录以及备考表，方便盒内实物保管、利用以及日后核查。

对于不可折叠的、形体过大的、无法入盒的实物，可存放在档案柜、陈列柜或用专用柜保管，如奖杯、奖牌、牌匾、装裱的字画等。根据实物的载体形态，可以选择平放、立放、叠放等方式。

7.5 其他需注意的问题

（1）实物装盒时，不同制发年度、保管期限、类目、载体的实物，不能放入同一档案盒内；同一载体的实物数量较少时，应选择合适规格的档案盒进行装盒；同一载体的实物数量多，一盒装不完时，可依序依次装盒。

（2）实物档案拍照建档。将实物档案拍照建档是为了记录归档时实物的初始状态，以备在后续整理中出现损坏时留作备份。建议有条件的机构对每件归档实物进行拍照，这样既可以多一份数据备份，日后也可以将其作为照片档案资料展览展示。

（3）其他。除了按照年度、问题、保管期限分类外，实物档案还可以按照可折叠和不可折叠来分类。在单位实物档案较少的情况下，可以选择用可折叠或不可折叠的方式分类整理，更加便捷。

参考文献

[1] 文松. 杂谈实物档案的特点［J］. 兰台世界，2017（9）：48-50.

[2] 文松. 杂谈实物档案的特点［J］. 兰台世界，2017（9）：48-50.

[3] 辛越男，吴林岚. 浅谈如何做好实物档案整理工作［J］. 兰台世界，2014（29）：81-82.

[4] 辛越男，吴林岚. 浅谈如何做好实物档案整理工作［J］. 兰台世界，2014（29）：81-82.

[5] 南京市档案局. 南京市实物档案管理办法［S/OL］.［2006-07-30］. www.njifdc.org.cn/dagl/803.html.

[6] 广州市人民政府，广州市档案局. 广州市档案管理规定［S/OL］.［2015-09-30］. www.gz.gov.cn/gkmlpt/content/7/7947/post_7947894.html#12622.

[7] 王子肖. 谈实物档案整理［J］. 科技档案，2012（2）：19-21.

[8] 王子肖. 谈实物档案整理［J］. 科技档案，2012（2）：19-21.

[9] 档案之窗. 实物档案的整理步骤［EB/OL］.（2019-03-01）［2021-07-17］. http://www.dawindow.com/tech/201903/6131.html.

第8章　学校档案整理

知识目标

（1）掌握学校档案的概念及特点。
（2）掌握不同类型高校的档案分类、归档要求。

能力目标

（1）能对学校档案进行合理分类。
（2）能根据规范对学校档案进行立卷及按"件"的整理实操。

案例导入

某高校的各职能部门和二级学院的设置较为复杂，形成的档案种类繁多，长期以来因兼职档案人员对档案工作的不熟悉，学校档案归档范围、整理规范把握得不准确，导致学校档案馆在收集档案时难度较大，也增加了档案整理的工作量，不利于全校档案的集中统一管理。同时，前期归档和整理工作的不到位给学校档案的后续利用造成不便，尤其是涉及教职工、学生的人事档案、学籍档案，更是有更加特殊的管理要求和利用需求。

案例解析

学校档案作为综合性和交叉性极强的档案门类，其收集整理工作尤为重要。尤其在国内高校，其机构设置往往非常复杂，产生的档案多种多样，需要学校档案管理部门结合本校实际，建立完善的归档制度和整理规范，来加强学校档案工作，提高档案工作的质量和效率。

8.1 学校档案的概念

《学校档案管理理论与实务》将学校档案定义为"记录学校发展历史、传承科学文化、服务教育教学工作、办学活动过程内容的储藏箱,即学校档案是学校的各项办学职能活动中直接形成并保存的,具有查考和利用价值的各种形式和载体的历史记录"[1]。结合具体学校类型,《高校档案管理办法》将学校档案定义为"高等学校从事招生、教学、科研、管理等活动直接形成的对学生、学校和社会具有保存备考价值的各种文字、图表、声像等各种形式载体的历史记录"[2]。《高等学校档案管理论》则将学校档案界定为"高等学校从事招生、教学、科研、管理等活动直接形成的对学生、学校和社会具有保存价值的各种文字、图表、声像等不同形式、载体的历史记录"[3]。上述定义都将学校档案的属概念界定为历史记录,且形成于招生、教学、科研、管理等活动,外在表现形式包括文字、图表、声像等。结合上述定义,本书认为学校档案是学校在传承科学文化、服务教学工作、服务办学实践等各项职能活动中直接形成并保存的具有查考和利用价值的各种文字、图表、声像、实物等不同形式及载体的历史记录。

8.2 学校档案的特点

学校档案的形成主体以大、中、小学及各类教育机构为主,类型、材质、来源丰富多样,具备综合性、专业性、交叉性、机要性等特点。

8.2.1 综合性

尽管不同类型的学校大小规模不一,但就档案来源及内容而言,它们均具有来源广泛、内容多元等综合性的特点。学校档案源于学校党政、教学、科研、后期、人事、医疗等综合部门的各种载体、类型的文件材料,内容上包括文书、教学、科研、人事、学籍、财会、设备、基建、声像、实物类档案等,体现出较强的综合性特点。

---

[1] 韩秋黎:《学校档案管理理论与实务》,上海交通大学出版社 2010 年版,第 3~4 页。
[2] 中华人民共和国教育部、国家档案局:《高等学校档案管理办法》,详见 www.moe.gov.cn/srcsite/A02/s5911/moe_621/200808/t20080820_81841.html。
[3] 黄宝春:《高等学校档案管理论》,上海交通大学出版社 2018 年版,第 11、21~23 页。

8.2.2 专业性

学校是以教学、科研等专业活动为主开展人才培养的重要场所。学校档案的形成与学校教学科研、师资队伍及教学设施建设等专业性活动密不可分，具有突出的专业性特点。以高等院校为例，作为我国专业高级人才培养与科学研究的重要机构，其大学生学籍类档案和科研项目类档案通常设置专类，采用专门的档案管理方法，专业性特点十分突出。

8.2.3 交叉性

归档分类中，无论是按组织结构划分还是按问题划分，学校在教学、科研、基建、仪器设备购置活动中形成的相关文件材料，都既可归于文书档案又可归于专门档案，存在归档分类交叉的问题；此外，还存在部分实物归档分类交叉的问题，如某项重大活动中形成的奖章、奖杯等实物，既可按问题归于该项活动所属的类别，又可归于实物档案类。因此，为了便于保管利用，整理学校档案时，需要充分考虑归档文件材料分类中可能存在的类别交叉问题，避免分类不当或重复归档。

8.2.4 机要性

学校档案的部分内容涉及党和国家政治、军事、经济、技术等方面的涉密事项，在一定历史时期内具有机要性，不适宜对外开放。这就要求涉密学校档案在整理、保管、利用时严格履行相关规定。如学校的科研项目档案等，属于涉密范畴文件材料，其存管利用一定要符合相关管理手段及措施，避免给学校和国家造成不必要的损失。

了解并掌握学校档案的特点，有利于更好地针对不同类型的学校进行学校档案的分类、归档、整理工作。[1]

8.3 学校档案的分类

参照《高等学校档案管理办法》《高等学校档案实体分类法》对学校档案的分类，结合《广州市学校档案工作规范》的要求，本书将学校分为高校、中小学、幼儿园等具体类型，并设置了上述类型学校档案的分类方案。

8.3.1 高校档案的分类

高校档案分类可以参照事由原则，分设两级类目，具体参见表 8.1[2]。其中：

（1）一级类目设定包括党群（DQ）、行政（XZ）、教学工作（JX）、科学研究（KY）、产品生产与科技开发（CP）、基本建设（JJ）、仪器设备（SB）、出版（CB）、外事（WS）、财会（CK）10 个一级类目。

（2）二级类目是对一级类目的细分。细分的标准是根据该类档案的形成规律和特点，结合档案记录和反映的内容设置。各高校可根据实际情况选择或增删相关类目。如"科学研究"的二级类目可按学科或专业设置，具体由学校选择。同理，"产品生产与科技开发""基本建设""仪器设备"类也如此。

（3）类目代码采用"双位制"。如一级类目中"党群"为"DQ"、"行政"为"XZ"；二级类目中"综合"为"11"，其余二级类目依次为 12、13……99，但需注意 10、20 等带"0"的数字不用。

（4）在二级类目设置的基础上，可根据实际情况自行决定是否扩展三级类目。

表 8.1 高校档案分类

一级类目		二级类目	
类目代码	类目名称	类目代码	类目名称
（DQ）	党群	11	党务综合
		12	纪检
		13	组织
		14	宣传教育
		15	统战
		16	工会
		17	团委
（XZ）	行政	11	综合
		12	人事
		13	监察审计
		14	武装保卫
		15	总务
		16	档案、图书、文博

(续上表)

一级类目		二级类目	
类目代码	类目名称	类目代码	类目名称
(JX)	教学工作	11	综合
		12	学科与实验室建设
		13	招生
		14	学籍管理
		15	课堂教学与教学实践
		16	学位
		17	毕业生
		18	教材
(KY)	科学研究	11	综合
		12	按学科或专业项目设置类目
(CP)	产品生产与科技开发	11	综合
		12	按产品种类或项目设置类目
(JJ)	基本建设	11	综合
		12	按单项工程设置类目
(SB)	仪器设备	11	综合
		12	按仪器设备种类或型号设置类目
(CB)	出版	11	综合
		12	报纸
		13	刊物
		14	书稿
		15	音像
(WS)	外事	11	综合
		12	出国
		13	来校
		14	国际合作与会议
		15	外国留学生工作
(CK)	财会	11	综合
		12	会计报表
		13	会计账簿
		14	会计凭证
		15	工资清册

8.3.2 中小学、幼儿园档案分类

鉴于该类学校主要以教学为主，党政及教学机构设置及职能分工相似，故在分类上可采用同一原则及方法，具体如表8.2所示。[3]

（1）中小学、幼儿园档案分为党群（DQ）、行政（XZ）、教育教学（JX）、基本建设（JJ）、仪器设备（SB）、财会（CK）、声像（SX）、已故人员（RY）、实物（SW）、幼儿园卫生保健（BJ）十大门类。

（2）卫生保健（BJ）类建议幼儿园增设，学校已故人员类建议只设一级类目，不下设二级类目。

（3）一级类目为最高层级，视学校情况而定，一般使用到三级类目，个别可选用到四级类目。

表8.2 中小学、幼儿园档案分类

一级类目		二级类目	
类目代码	类目名称	类目代码	类目名称
（DQ）	党群档案	11	综合
		12	纪检
		13	组织
		14	学生德育
		15	统战
		16	工会、妇女
		17	团队
（XZ）	行政档案	11	综合
		12	人事
		13	监察、审计
		14	综治、维稳、安全、保卫、普法
		15	总务
		16	档案、图书
（JX）	教育教学档案	11	综合
		12	实验室建设
		13	招生
		14	学籍管理

（续上表）

一级类目		二级类目	
类目代码	类目名称	类目代码	类目名称
（JX）	教育教学档案	15	学科建设、课堂教学与教学实践
		16	毕业生
		17	教材
		18	教师业务
（JJ）	基本建设档案	11	综合
		12	工程项目
		13	房改
（SB）	仪器设备档案	11	综合
		12	仪器设备项目名称
（CK）	财会档案	11	综合
		12	会计报表
		13	会计账簿
		14	会计凭证
		15	工资清册及其他
（SX）	声像档案	11	底片
		12	照片
		13	录音带
		14	录像带
		15	幻灯片
（RY）	已故人员档案		
（SW）	实物档案	11	折叠型实物
		12	非折叠型实物
（BJ）	幼儿园卫生保健档案		

8.3.3 学校档案分类实例

由于学校档案门类众多，在编制分类方案时，除了参照《高等学校档案实体分类法》外，还可参考各地区有关部门指定的规范，如广州地区可参照《广州市学校档案工作规范》，并结合学校自身实际制定合适的分类方案。[4]

下面以广州市××中学的学校档案分类为实例，介绍学校档案的具体分类方案如何设置。该中学的学校档案严格按照《广州市学校档案工作规范》的要求划分为9个一级大类，又划分为三级层次，可作为其他学校档案分类的参考样例。（表8.3）

表8.3 广州市××中学档案分类方案

一级类目		二级类目		三级类目	
类目代号	类目名称	类目代号	类目名称	类目代号	类目名称
DQ	党群档案	11	综合		
		12	纪检		
		13	组织		
		14	德育		
		15	统战		
		16	工会		
		17	团队		
XZ	行政档案	11	综合		
		12	人事		
		13	监察、审计		
		14	综治、维稳、保卫		
		15	总务		
		16	档案、图书		
JX	教育教学档案	11	综合		
		12	实验室建设		
		13	招生		
		14	学籍档案		
		15	学科建设、课堂教学与教学实践		
		16	毕业生		
		17	教材		

（续上表）

一级类目		二级类目		三级类目	
类目代号	类目名称	类目代号	类目名称	类目代号	类目名称
JX	教育教学档案	18	教师业务	11	行政
				12	政治
				13	语文
				14	数学
				15	英语
				16	物理
				17	化学
				18	生物
				19	历史
				21	地理
				22	信息技术
				23	艺术（音乐）
				24	艺术（美术）
				25	体育
				26	行政
JJ	基本建设档案	11	综合		
		12	项目工程	11	单项工程项目
				12	……
		13	房改		
SB	仪器设备档案	11	综合		
		12	仪器设备项目		
CK	财会档案	11	综合		
		12	报表		
		13	账簿		
		14	凭证		
		15	工资清册及其他		

（续上表）

一级类目		二级类目		三级类目	
类目代号	类目名称	类目代号	类目名称	类目代号	类目名称
SX	声像档案	11	底片		
		12	照片	11	上级领导视察
				12	校园环境建设
				13	历届领导
				14	学校重大活动
				15	学生重要活动
				16	校庆、校友
				17	毕业班照片
				18	实物照片
		13	录音带		
		14	录像带		
		15	幻灯片		
		16	磁盘		
		17	影视胶片		
		18	缩微胶片		
		19	光盘		
SW	实物档案	11	折叠型实物		
		12	非折叠型实物		
RY	已故人员档案				

注：单项工程项目具体项目的名称见附表。

综上可知，该校归档文件材料共分三级类目，其中包括党群、行政、教育教学、基本建设、仪器设备、财会、声像、实物、已故人员等 9 个一级类目，一级类目下各有细分的二级类目，基本涵盖了学校档案的所有类别，符合中小学档案管理的实际，也体现了学校档案综合性、专业性的特点。

8.4 学校档案归档

8.4.1 归档范围

学校档案的归档范围是指各类学校应当归档的文件材料。明确学校档案的归档范围，并将其纳入归档制度，有利于形成学校文件材料归档整理准则，保证归档文件材料的齐全完整。

根据《高等学校实体档案分类法》[5]与《高等学校档案管理办法》[6]，以及《广州市学校档案工作规范》[7]，学校档案的归档范围具体为：

（1）学校在教育教学、科研、管理各项活动中直接形成的对学校和社会具有保存价值的各种文字、图表、声像、实物等不同载体形式的文件材料。如教育教学类的，包括常规教学的工作计划、教学管理制度文件、课程安排文件等；科研管理类的，包括课题申报书、立项通知书、课题研究资料等。

（2）学校档案归档范围规定的各类文件材料。高校档案包括党群、行政、教学工作、科学研究、产品生产与科技开发、基本建设、仪器设备、出版、外事、财会10类文件材料；中小学及幼儿园档案包括党群、行政、教育教学、基本建设、仪器设备、财会、声像、已故人员、实物9类文件材料，其中幼儿园还包括卫生保健类材料。

（3）散存在国内外与学校有关的各种具有保存价值的其他文件材料。

（4）学校教职员工在其非职务范围的公务活动中形成的文件材料。

（5）新中国成立前学校的各类历史档案资料。

（6）并入机构的档案资料，如一些合并的教学机构、行政机构的文件资料。

（7）上级决定由本校保管的撤销机构的档案资料。

8.4.2 归档时间

学校档案的归档时间视学校和档案类型等情况而定。

8.4.2.1 高校档案归档时间

根据《高等学校档案管理办法》[8]，高校档案的归档时间具体要求如下：

（1）学校各部门应当在次年6月底前归档。

（2）科研类档案应当在项目完成后 2 个月内归档，基建类档案应当在项目完成后 3 个月内归档。

8.4.2.2 中小学及幼儿园档案归档时间

参考《广州市学校档案工作规范》[9]，中小学及幼儿园的文件材料归档时间有以下规定：

（1）党群、行政、教育教学、幼儿园卫生保健类的归档文件应在寒暑假前由相应职能部门收集齐全并按要求整理后向档案室移交。

（2）基建文件材料归档工作应与工程建设同步进行，在项目完成通过鉴定验收时应通知档案部门参加，工程验收后 3 个月内将项目全过程形成的文件材料、图纸立卷整理好，向档案室移交。

（3）设备仪器档案，在设备仪器开箱时，有关部门应通知档案人员参加验收，在仪器设备安装调试后 1 个月内，由学校设备管理部门将全部相关材料整理好后移交至档案室。

（4）财会类档案于次年 6 月底前由财务部门按要求和规定完成整理归档，在财务部门保管 3 年后向档案室移交。

（5）已故人员档案，属学校保存范围的由本单位人事部门保存 3 年后向档案室移交。

（6）声像档案在每项工作完成后，由主办部门将声像材料和文字简介于 2 个月内向档案部门归档。

（7）实物材料等在各类工作、活动结束后 1 个月内，由经办部门将实物和文字说明移交档案室。

8.4.3 归档要求

（1）归档文件材料需准确反映学校教学、科研和管理等各项活动的真实面貌，手续完备，制作和书写材料应有利于档案长期保存。

（2）确定文件材料的保存价值时，应根据学校工作需要和为国家积累历史文化遗产的需要，准确判定具有保存价值且需要归档的文件材料。

（3）归档文件材料必须齐全、完整，包括文字、照片、音像、电子数据等。非纸质文件材料应与其文字说明一并归档。

（4）归档的文件材料必须为原件。

（5）整理归档文件材料要符合有关技术标准和规范要求。①

（6）档案室应随时接收上级规定应接收的档案。

（7）档案室接收档案应履行手续，填写移交清册一式两份。交接双方应签名盖章，移交清册归入全宗卷永久保存。

8.5 学校档案的保管期限

档案保管期限是指文件材料整理归档后保管的年限。学校档案的保管期限分为永久和定期，定期又分为定期30年和定期10年。各个学校应该根据实际党务、行政、教学、科研等各项工作中形成文件材料的情况，同时参照《高等学校档案管理办法》[10]和《广州市学校档案工作规范》[11]中的规定，结合本校实际制定保管期限表。

（1）凡是反映学校重要工作活动，长期对学校和社会有查考利用价值的文件材料，列为永久保存，如学校党代会文件材料，年度、学期工作计划，总结，大事记，各学科教学计划、大纲，学生学籍等。

（2）凡是反映学校一般工作活动，长期对学校和社会有查考利用价值的文件材料，保管期限为定期30年，如学校党支部吸收新党员、党员转正的材料，学校的规章制度，表彰和奖励教职工的材料等。

（3）凡是在较短时间内对学校工作有查考利用价值的文件材料，保管期限为定期10年，如教职工动态月报、群众来信来访材料、招生工作总结、社会调查实践计划等。

8.6 学校档案的整理

学校档案因涵盖内容范围较广，故其整理有按"卷"整理和按"件"整理两种方式。

---

① 学校档案中涉及专门性较强的档案类型，如基建档案、设备档案、会计档案等，需要符合各自对应类型的归档及整理规范。

8.6.1 按"卷"整理

8.6.1.1 分类

按卷整理是指按照文件材料的形成时间、形成单位、文件内容、外在形式、保管期限等标准,对归档文件归类组成案卷。如学校把一个教学年度内教育教学类档案办理完毕后,对具有保存价值的文件材料按照年度、类别、问题、单位、价值等进行区分,将全部文件材料分门别类,并把具有一定联系的文件材料集中起来形成案卷,以便日后保管利用。

学校档案的整理可以参照《高等学校实体档案分类法》《广州市学校档案工作规范》等规范性文件,结合每个学校的具体情况分类。一般常见的分类方法包括年度分类法、问题分类法和组织机构分类法,上述分类方法可单独使用,也可组合使用。

1. **年度分类法**

年度分类法即根据教学年度的先后对学校档案进行整理。尤其是教育教学类档案需要区分教学年度,只有本学年形成的或针对本学年的文件材料才归入本学年,非本学年形成的或不针对本学年的文件材料,则不属于本学年归档范围,需要筛选出来。年度分类法是最为简便且适用于所有学校档案的分类方法。[12]

2. **问题分类法**

问题分类法即将档案材料归纳为易查找的问题或相似问题的类别加以组合。这种分类方法常用于反映教学文件、学籍管理、教材等"问题"性质相对明确的文件。详细的学校档案类目名称和代号设置可参考 8.3.3 节的广州市××中学教学档案类目层级设置实例。以学校教学档案为例,类目层级和类目名称的设置可参考以下方式,具体参见表 8.4、表 8.5。[13]

(1)一级类目,即教学类,采用类目名称的汉语拼音的第一个字母表示,如教学——JX。

(2)二级类目,在一级类目的划分下,采用"双位制",即"综合"为"11",其余二级类目依次为 12、13、14……但 10、20 这些含有"0"的数字不采用。

(3)三级类目,通常高校的档案类目设置会划分到三级类目;中小学的教学档案一般设置到二级类目,教师业务档案设置到三级类目;幼儿园的教学档案类目一般设置到一级类目即可。

表8.4 中小学教育教学类档案的一级和二级类目

一级类目		二级类目	
类目代号	类目名称	类目代号	类目名称
JX	教育教学档案	11	综合
		12	实验室建设
		13	招生
		14	学籍管理
		15	学科建设、课堂教学与实践
		16	毕业生工作
		17	教材
		18	教师业务

表8.5 中小学教育教学类档案的二级和三级类目

二级类目		三级类目	
类目代号	类目名称	类目代号	类目名称
18	教师业务	1811	行政
		1812	政治
		1813	语文
		1814	数学
		1815	英语
		1816	物理
		1817	化学
		1818	生物
		1819	历史
		1821	地理
		1822	电教
		1823	音乐
		1824	美术
		1825	体育
		1826	劳技

3. 组织机构分类法

组织机构分类法就是按照学校内各职能部门的组织机构层级对文件材料分类归档，如教务处、财务处、总务处等，把各部门职能活动中形成的需要归档的文件材料按其所属部门进行划分。

在学校档案的整理中，复合分类方法通常有：年度—问题分类法、问题—年度分类法、年度—组织机构分类法、组织机构—年度分类法等。一般先以一个上位类对归档文件材料分类，再在其下按照另一个维度分类。如年度—组织机构分类法，即首先把档案按年度划分，然后在各年度下再分组织机构，这种分类方法适用于规模较小、组织机构比较简单的学校，如幼儿园、小学等。组织机构—年度分类法，则是首先把全宗内档案按组织机构分，然后再在组织机构下按年度再分，这种方法适合于组织机构复杂的大型学校，如高等院校。实际应用中，各学校可以根据组织机构的复杂、稳定程度选择合适的分类方式。[14]

8.6.1.2 组卷

组卷是分类后以"案卷"为单位整理档案的首要步骤，即在同一属类文件材料中，将价值、问题相同或相近的文件材料分别组合，即初步确定哪些文件材料可以组合为一个案卷。

8.6.1.3 排列

文件材料组合成案卷后，需要对各案卷内的文件有序排列。

1. 通用排列方法

（1）按文件材料形成时间先后排列。如会议记录、纪要、简报、动态、统计报表等按此方法排列，即按第一次会议记录、第二次会议记录、第三次会议记录等，一月份报表、二月份报表、三月份报表等依次排列。

（2）按学科排列。如学期考试各科试卷、答案及评分标准等可用此方法排列，即按语文、数学、英语等依次排列。

（3）按班级排列。如初三级各科、各班成绩质量分析表，学期（期末）考试初中高中各级、各班成绩统计表、排序名单、登记表等可用此方法排列，即按初三1班、初三2班、初三3班等依次排列。

（4）按地区排列。如本校市区统考测试的成绩统计等可用此方法排列，即按市统测、区统测、学校测验等依次排列。[15]

2. 有密切联系的文件材料的排列方法

公文中较为常见的一些密切联系的文件材料，来文和复文需要作为一件，这就涉及件内单份文件排列次序。排列顺序通常为总结在前、计划在后，正本在前、定稿在后，正文在前、附件在后，批复在前、请示在后。

8.6.1.4 编号

编号即对组合后的案卷逐一编排序号，给每个案卷一个固定的位置和代号，以便于档案管理。以教学档案为例，教学档案的档号由年度、教学档案各级分类号、案卷号组成，如图 8.1 所示。

（1）年度即该案卷生成的教学年度。

（2）各级分类号详见 8.3 节。

（3）案卷号是每个案卷的流水号编号，一般是根据保管期限，按永久、长期、短期顺序连续编流水号，如 2020—JX11—2，该档号表示的是 2020 年度教学档案中的"行政综合类"的第 2 个案卷。

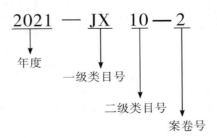

图 8.1　教学档案档号示例

8.6.1.5　编制卷内文件页号

编制卷内文件页号是为了固定卷内文件的位置，并统计案卷的页数。每个案卷内的卷内文件页号用阿拉伯数字表示，编号从"1"开始，凡有内容的页面都应编写页号，空白页不计。编写页号时正面页编写在右上角，背面页编写在左上角。编号时可用钢笔手写，也可用打码器打印。

8.6.1.6　编目

为了便于档案的管理和利用，需对案卷以及卷内文件登记造册，形成案卷目录和卷内文件目录。

案卷目录用以登记每一个案卷的内容和成分（表 8.6），卷内文件目录用以登记卷内每一份文件材料的内容和成分（表 8.7）。

表 8.6　学校档案案卷目录表

序号	档号	案卷题名	起止日期	总页数	保管期限	备注

案卷目录各要素编制填写时应注意：

（1）序号，填写该案卷在所属分类中的排列顺序，通常从"1"开始编制。

（2）档号，填写该案卷的案卷档号。

（3）案卷题名，案卷题名编写要求能概括反映案卷的内容特征，简明、准确地揭示卷内文件材料的主题。

（4）起止日期，填写该卷内归档文件材料涉及的时间范围。

（5）总页数，填写该案卷内所有文件相加的总页数。

（6）保管期限，填写该份案卷的保管期限。

（7）备注，对该案卷有其他需要特别说明的内容可在备注栏中填写。

表 8.7　学校档案卷内文件目录

序号	文号	责任者	文件题名	日期	页数	备注

卷内文件目录各要素编制填写时应注意：

（1）序号，填写该份文件在案卷中的排列顺序，通常从"1"开始编制。

（2）文号，即文件制发时的文件编号，设备档案材料中有文号的材料不多见，但不排除出现相关发文的情况。

（3）责任者，填写该份设备文件材料的形成者。

（4）文件题名，填写要求能概括反映该文件的内容特征，简明、准确地揭示该份文件材料的主题。

（5）日期，填写该份文件的形成日期。

（6）页数，填写文件实体对应的页数。

（7）备注，有其他需要特别说明的内容可在备注栏中填写。

8.6.1.7 制作案卷封面

目录编制完成后,需要制作案卷封面,以便清晰把握案卷情况。案卷封面通常包括案卷题名、归档单位、起止日期、保管期限、密级等要素,有特别要求的还需写明档号、档案馆号、缩微号。(图 8.2)

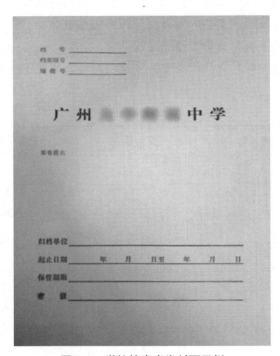

图 8.2　学校档案案卷封面示例

8.6.1.8 案卷装订

编制好目录后,需要将案卷装订后装入档案盒。装订时,需将文件材料的左、下侧对齐,按照案卷封面、卷内文件目录、文件材料的顺序依次叠放整齐,在左侧采用"三孔一线"的方法装订案卷。

8.6.1.9 填写卷内备考表

卷内备考表是用以说明卷内文件材料情况的表格(图 8.3)。卷内备考表通常随案卷一同装盒,放在档案盒底部。卷内备考表的填写项目及要求如下:

(1)卷内文件情况说明,填写卷内文件材料是否完整,有无破损,是否有重要价值,或卷内文件材料是否有缺失、调整、销毁等情况。

(2)立卷人,填写立卷整理人的姓名。

(3)审核人,填写案卷整理质量审核人的姓名。

（4）立卷时间，填写立卷整理日期。

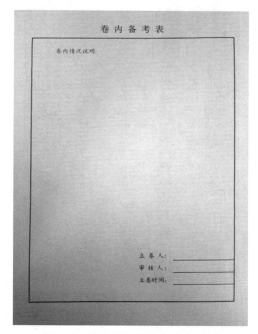

图 8.3　学校档案卷内备考表示例

8.6.1.10　装盒

案卷装订好后，将装订完成的案卷按档号的顺序依次装入档案盒，档案盒底部放置备考表，并在档案盒的封面和脊背填写相应的内容（图 8.4、图 8.5）。装盒需要注意不同类别的案卷不能放在同一盒，即使某一类目的案卷数量比较少，也只能装一盒，或者可以选择厚度较小的档案盒，不允许与其他类别的档案同装。

图 8.4　学校档案的档案盒封面示例

175

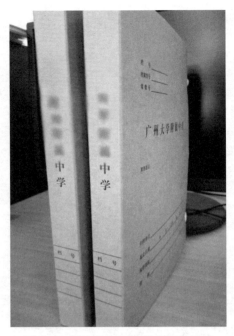

图 8.5 学校档案的档案盒脊背示例

8.6.1.11 案卷目录装订

档案材料装盒后，需要按照分类排列次序，将案卷目录和卷内文件目录依次排列好，各类案卷目录排列在前，卷内目录排列在后，用目录夹装订起来，并填写目录册封面（表 8.8）和脊背标签（表 8.9）。

表 8.8 案卷目录册封面标签

全宗名称	
全宗号	
分类号	
年度	
档号	
保管期限	

表 8.9　案卷脊背标签

| 全宗号 |
| 类别 |
| 年度 |
| 档号 |

8.6.1.12　排列上架

案卷装盒完毕后,应根据脊背处填写的案卷号顺序依次将档案盒排列放入密集架,再次检查清点案卷顺序以及案卷数,确保无误。

8.6.2　按"件"整理

以"件"为单位的学校档案归档整理方法,即以"件"为单位进行装订、分类、排列、编目归档,同时以"件"作为保管单位,简化了整理流程。该方法适用于对一些不适合按"卷"整理的档案进行整理,如党群档案、行政档案等。目前《广州市学校档案工作规范》也做出了相关规定,即党群档案、行政档案不再以"立卷"的方式整理,使用以"件"为单位的整理;教学类档案可使用"立卷"整理也可以"件"为单位整理。[16]

8.6.2.1　分类与排列

采用以"件"为单位的整理方式,党群、行政类档案只设一级分类类目即可,归档文件按永久、长期(30年)、短期(10年)各自分别从"1"开始编件号。

同一年度同一保管期限的归档文件按二级类目的先后顺序排列,并在"归档文件目录"中于每个"备注"栏内注明相应的二级类目代号,如 DQ11、DQ12……XZ11、XZ12……

需要注意的是,一份文件为一件,排序时也要注意件内材料的顺序,通常正本在前、定稿在后,正文在前、附件在后,原件在前、复制件在后,转发文在前、被转发文在后，复文在前、来文在后，汉文本在前、少数民族文字文本在后，不同文字的文本，无特殊规定的，中文本在前、外文本在后，有文件处理单的一般放在最后。

8.6.2.2 编号编目

分类排序完成后，需要编制档号和归档文件目录。

（1）档号由全宗号、年度、类别、保管期限、室编件号、馆编件号等组成，档号章的式样如表8.10所示。

表8.10 档号章式样

（全宗号）	（年度）	（件号）
（分类号）	（保管期限）	（密级）

档号章填写说明如下：

全宗号，填写档案馆给学校编制的代号。

分类号，填写不同档案在分类方案中的代号。

年度，填写归档文件材料内容针对的年度。

保管期限，填写归档文件材料划分的保管期限。

件号，填写由文件形成或办理部门的档案室分别整理归档的流水号。

密级，填写该份文件的保密等级。

（2）归档文件目录的编制应遵循《高校档案实体分类法》《广州市学校档案工作规范》等所采用的分类体系以及室编件号的顺序进行，如表8.11所示。

表8.11 学校档案归档文件目录

件号	责任者	文号	题名	日期	页数	备注

编制归档文件目录时应注意:

件号,填写由文件形成或办理部门的档案室分别整理归档的文件流水号。

责任者,填写该份设备文件材料的形成者。

文号,即文件制发时的文件编号,设备档案材料中有文号的材料不多见,但不排除出现相关发文的情况。

文件题名,填写要求能概括反映该文件的内容特征,简明、准确地揭示该份文件材料的主题。

日期,填写该份文件的形成日期。

页数,填写文件实体对应的页数。

备注,有其他需要特别说明的内容可在备注栏中填写。

8.6.2.3 装盒

档号及归档文件目录编制完成后,可使用学校档案盒,将归档文件按照室编件号的顺序装入档案盒。档案盒脊背应标注学校全称和档号。脊背档号处设置三栏,从上至下分别填写年度、类别、起止件号,起止件号之间用"—"来连接。注意档案盒脊背档号底线下侧与盒内档案标注的保管期限保持一致。

另外,档案装盒时必须选择厚度合适的档案盒,尽量做到文件装盒后与档案盒形成一个整体。不同年度的归档文件材料不能放入同一档案盒,不同保管期限的归档文件材料不能放入同一档案盒,不同部门形成的文件材料也不能放入同一盒内。

8.6.2.4 归档文件目录本的装订

归档文件目录本由归档文件目录夹、归档文件整理说明、归档文件目录三部分构成。归档文件目录本装订成册后,需要填写归档文件目录夹封面、脊背标签(表8.12、表8.13)。

表8.12 归档文件目录夹封面标签

全宗名称	
全宗号	
类别	
年度	
档号	

表8.13 归档文件目录夹脊背标签

| 全宗号 |
| 年度 |
| 档号 |

归档文件整理说明的填写内容包括：立档单位全称或规范化简称、成立时间、历史沿革、本年度内学校组织机构变化情况、本年度内立档单位主要工作概况、本年度内各类文件材料归档情况。

归档文件目录应在同一年度、同一保管期限内采用与分类体系对应的方式依次排列。

8.6.3 注意问题

8.6.3.1 跨类归档文件的处理方式

各类中如有关系密切的归档文件，除各类一级类目下的二级综合类归档文件材料外，其他的一般分别归入各自所属类。这样除了综合性归档文件外，其余如科研、教学、基建、设备、财会等类的文件材料可归入相应类别，保持各类文件的完整和系统，便于保管利用。

8.6.3.2 注意区分教学档案中的"级"和"届"

鉴于"级"和"届"两个概念经常混淆，在学校档案整理中尤其需要注意区分。简单地说，"级"是以学生入学的年度来定位的概念，如19级是指2019年入学的学生；而"届"则是以学生的毕业年度来定位的概念，如20届是指2020年毕业的学生。因此，在归档时间划分中，应注意教学档案中"级"与"届"的区别，将相关档案准确归入相应时间范畴。

8.6.3.3 以"件"为单位开展整理的件内文件材料的排列

按"件"整理时，件内文件材料的排列通常采取正本在前、定稿在后，正文在前、附件在后，原件在前、复制件在后，转发文在前、被转发文在后，来文与复文作为一件时，复文在前、来文在后。

8.6.3.4 案卷标题拟写不标准或词不达意的情况处理

归档文件时，必须按照一定的规范和标准要求对卷内目录和案卷标题进行填写，必要时可以查找《中国档案主题词表》，书写中必须按照一定的执行标准，对案卷标题进行规范性的处理，拟定合适的标题。

参考文献

［1］黄宝春. 高等学校档案管理论［M］. 上海：上海交通大学出版社，2018：11.

［2］中华人民共和国国家教育委员会. 高等学校档案实体分类法［S/OL］.［1995－06－12］. https://www.antpedia.com/standard/5048674.html.

［3］广州市教育委员会，广州市档案局. 广州市学校档案工作规范［S/OL］.［2015－05－08］. https://wenku.baidu.com/view/cdcecda000d276a-20029bd64783e0912a3167c4f.html.

［4］广州市教育委员会，广州市档案局. 广州市学校档案工作规范［S/OL］.［2015－05－08］. https://wenku.baidu.com/view/cdcecda000d276a-20029bd64783e0912a3167c4f.html.

［5］中华人民共和国国家教育委员会. 高等学校档案实体分类法［S/OL］.［1995－06－12］. https://www.antpedia.com/standard/5048674.html.

［6］中华人民共和国教育部，中华人民共和国国家档案局. 高等学校档案管理办法［S/OL］.［2008－08－20］. www.moe.gov.cn/srcsite/A02/s5911/moe_621/200808/t20080820_81841.html.

［7］广州市教育委员会，广州市档案局. 广州市学校档案工作规范［S/OL］.［2015－05－08］. https://wenku.baidu.com/view/cdcecda000d276a2002-9bd64783e0912a3167c4f.html.

［8］中华人民共和国教育部，中华人民共和国国家档案局. 高等学校档案管理办法［S/OL］.［2008－08－20］. www.moe.gov.cn/srcsite/A02/s5911/moe_621/200808/t20080820_81841.html.

［9］广州市教育委员会，广州市档案局. 广州市学校档案工作规范［S/OL］.［2015－05－08］. https://wenku.baidu.com/view/cdcecda000d276a-20029bd64783e0912a3167c4f.html.

［10］中华人民共和国教育部，中华人民共和国国家档案局. 高等学校档案管理办法［S/OL］.［2008－08－20］. www.moe.gov.cn/srcsite/A02/s5911/moe_621/200808/t20080820_81841.html.

[11] 广州市教育委员会,广州市档案局.广州市学校档案工作规范[S/OL].[2015-05-08].https://wenku.baidu.com/view/cdcecda000d276a20029bd64783e0912a3167c4f.html.

[12] 广州市教育委员会,广州市档案局.广州市学校档案工作规范[S/OL].[2015-05-08].https://wenku.baidu.com/view/cdcecda000d276a20029bd64783e0912a3167c4f.html.

[13] 广州市教育委员会,广州市档案局.广州市学校档案工作规范[S/OL].[2015-05-08].https://wenku.baidu.com/view/cdcecda000d276a20029bd64783e0912a3167c4f.html.

[14] 广州市教育委员会,广州市档案局.广州市学校档案工作规范[S/OL].[2015-05-08].https://wenku.baidu.com/view/cdcecda000d276a20029bd64783e0912a3167c4f.html.

[15] 广州市档案局.档案整理技巧与图解[M].北京:中国档案出版社,2008.12.

[16] 广州市教育委员会,广州市档案局.广州市学校档案工作规范[S/OL].[2015-05-08].https://wenku.baidu.com/view/cdcecda000d276a20029bd64783e0912a3167c4f.html.

第 9 章　电子文件归档与电子档案管理

知识目标

（1）掌握电子文件与电子档案的概念及电子文件归档范围与电子档案管理原则。

（2）明确电子文件归档与电子档案全流程管理的内容。

能力目标

（1）明确电子文件归档与电子档案管理的具体流程。

（2）明确电子文件归档及电子档案整理的具体要求与处理办法。

案例导入

某企业档案部门在具备信息安全及管理技术，且前端业务系统每日大量形成归档电子文件的现状下，仍固守电子文件双轨的管理模式。一方面，部分音视频电子文件无法打印；另一方面，又必须承受纸质电子文档保存、管理与使用中缺乏人力、管理成本增加的压力。目前该企业电子文件及档案管理对其前端业务支持效率普遍偏低。

案例解析

在信息技术不断发展的今天，电子文件已是党政机关、企事业单位在管理、科研、生产、事务处理中形成的文件材料的主要形式。加强电子文件归档与电子档案规范管理必要且紧迫。《"十四五"全国档案事业发展规划》提出了"促进各类电子文件应归尽归，全面开展电子档案移交接收工作，实现电子档案应收尽收"的要求。同时，电子文件与电子档案因其自身特点，归档、移交、管理、保存及利用必须以信息系统为基础环境开展。因此，应贯彻落实电子文件归档相关规定，建立健全电子文件归档、电子档案移交制度，革新电子文档双轨双套模式，逐步推进电子文档单套单轨管理。

9.1 相关概念

9.1.1 电子文件与电子档案

《电子档案管理基本术语》①指出，电子文件是指国家机构、社会组织或个人在履行法定职责或事务过程中，通过计算机等电子设备形成、办理、传输和存储的数字格式的各种信息记录，它由内容结构和背景信息组成。电子文件归档是指将具有参考和利用价值的各类电子文件归档整理保存。电子档案则是指具有凭证、参考、利用价值并归档保存的电子文件。

电子文件具有非人工直接识读、依赖信息系统、文件自由传递、信息存储的高密度、多类型信息传媒集成、文件形成与更改易操作、虚拟性等特点。简言之，电子文件是由计算机系统识读操作，较之纸质文件无载体局限，可突破空间传输障碍的虚拟文件。[1]

9.1.2 业务系统与电子档案管理系统

业务系统是指与机构生产、研发、传输、统计、人事、财务管理等活动相关的应用系统，包括办公系统、电子商务系统、财务系统、人力资源系统、产品数据管理系统、网站系统、电子邮件系统等。电子档案管理系统是指对电子文件捕获、维护、利用和处置的计算机信息系统。②根据《电子档案管理系统基本功能规定》，电子档案管理系统应具备开放、可扩展、灵活实现与安全运行等结构及功能要求，具备以下功能：[2]

（1）系统管理配置功能，包括分类方案、元数据和目录数据的定义与维护、档号编制规则管理与保管期限表管理等。

（2）电子档案管理功能，包括电子档案及其元数据接收、整理、保存、利用、鉴定、处置与统计等。

（3）安全管理功能，包括身份认证、权限管理、跟踪审计、生成固化信

---

① 《电子档案管理基本术语》，详见 http://www.saac.gov.cn/dajhybz201806/11d12caaf89e4228a720b07fddffb480/files/4edded2147cc407fa4c72638eedc9726.pdf。

② 《电子档案管理基本术语》，详见 http://www.saac.gov.cn/dajhybz201806/11d12caaf89e4228a720b07fddffb480/files/4edded2147cc407fa4c72638eedc9726.pdf。

息等。

（4）系统管理功能，包括系统参数、用户信息、功能配置与操作权限分配等。

（5）电子档案和纸质档案同步管理功能，如分类、排序、编号与编目等。

（6）纸质档案数字化以及纸质档案数字副本管理功能。

9.2 电子档案管理原则

9.2.1 统一集中管理原则

统一集中管理原则是指电子档案由档案部门统一集中管理。该原则便于电子档案长期保存与利用。其中，"统一"是指电子档案统一规划、统一标准、统一建设与统一管理；"集中"是指将分散在各业务部门的电子文件与电子档案收集归档集中管理。

9.2.2 全程管理原则

全程管理原则是指对电子文件拟制、形成、业务办理、归档、电子档案的保存及销毁全过程管控无缝衔接，即管理贯穿于电子文件归档与电子档案管理的全程。[3]全程管理原则要求全程监管电子文件归档与电子档案管理，其中，前端控制是全程管理的基础。

9.2.3 四性保障原则

所谓四性保障原则是指保障电子文件的真实性、完整性、有效性及安全性。其中，真实性是指电子档案的内容和元数据与形成时保持一致；完整性是指电子档案的内容与元数据信息齐全；有效性是指电子档案可读、可用、可检索；安全性是指保障电子档案的内容与元数据未被破坏、丢失与变异。[4]总体上，保障电子档案的真实性、完整性、有效性与安全性是指保证电子档案内容与元数据信息以通用文件格式保存利用，保障电子档案长期有效可读，建立权限管理与数据恢复方案等安全防范措施，以免电子档案内容及元数据在其形成、办理、归档与管理过程中遭受损坏、修改、丢失与病毒侵害。[5]

9.3 电子文件的归档

9.3.1 归档范围

《电子文件归档与电子档案管理规范》(GB/T 18894—2016)规定,反映单位职能活动、具有查考和保存价值的各门类电子文件及其元数据应收集、归档。不同类型电子文件的归档范围存在差异,可参照国家相关标准划分其归档范围,如科技类电子文件的归档范围可参照《科学技术档案案卷构成的一般要求》(GB/T 11822—2008)、《建筑项目档案管理规范》(DA/T 28—2018)等标准执行(具体可参见本书第3章3.2.1节);照片、录音、录像等声像类电子文件归档范围可参照《照片档案管理规范》(GB/T 11821—2002)(具体参见本书第6章6.2.1节)。参照《机关文件材料归档范围和文书档案保管期限规定》[6]《企业文件材料归档范围和档案保管期限规定》[7]等标准,文书类电子文件归档范围的划分可参照以下原则:

(1)反映机关或企业职能、生产经营和基本面貌的,对机关和企业各项活动、国家建设、社会发展与历史研究有重要参考和保存利用价值的电子文件需要归档保存。

(2)需要贯彻执行的上级机关单位的文件材料或与本机关或单位利益相关的电子文件材料需要归档保存。

(3)在维护国家集体或个人权益等方面具有凭证价值的电子文件需要归档保存。

此外,还需明确电子文件元数据归档范围。电子文件元数据归档范围的确定可参照《文书类电子文件元数据方案》(DA/T 46—2009)、《照片类电子档案元数据方案》(DA/T 54—2014)与《录音录像类电子档案元数据方案》(DA/T 63—2017)等。文书类电子文件元数据的归档范围包括题名、文件编号、责任者、日期、机构或问题、保管期限、密级、格式信息、计算机文件名、计算机文件大小、文档创建程序等文件实体元数据以及与记录有关的电子文件拟制、办理活动相关的业务行为、业务办理时间和机构人员名称等元数据。[8]

党政机关、企事业单位应在国家相关标准规范的指导下,结合实际制定符合其文档形成规律的电子文件及元数据归档范围,使之具有可行性与可操作性。

9.3.2 归档原则

电子文件的归档应遵循技术与管理并重、方便利用和安全可靠原则。首先,在做好电子文件管理的同时需要注重同步提升电子文件归档的相关技术,既要保证电子文件真实性,又要保证其安全性与完整性。其次,电子文件的归档存管均是为了日后更好地开发利用,方便利用也应为电子文件归档的主要原则。最后,相较于纸质文件,电子文件因其易复制和修改、传递性强等特点带来了系列的存管用过程中的安全隐患,所以保证电子文件形成、利用、归档等过程中的安全也是电子文件管理中应遵循的重要原则。[①]

9.3.3 归档时间

电子文件形成部门或办理部门应定期将收集整理的电子文件及其元数据向档案部门提交归档。归档时间一般不超过电子文件形成后的第二年6月份。[②] 随着我国电子文件单套单轨制管理模式的推进,电子文件可在业务系统的协助下同步完成在线归档,简化电子文件归档流程。

9.3.4 归档格式

归档电子文件在格式上应具有开放、无软硬件绑定、显示一致、易转换与便于利用等特性。电子文件归档格式选择应以支持电子文件长期保存、方便电子文件管理与利用为目的。建议电子文件以通用格式保存或在归档前转换为通用格式后再归档,不同类型电子文件的归档格式参考如表9.1所示。

表9.1 各类电子文件及元数据参考归档格式[9]

文本类	WPS、DOC（X）、RTF、OFD、PDF、PDF/A、TIF、PNG、JPG	图片类	JPG、TIFF、PNG、GIF
音频类	WAV、MP3	视频类	MPG、MP4、FLV、AVI
公务电子邮件	EML	网页、社交媒体类	HTML
元数据	ET、XLS、DBF、XML		

---

① 《电子文件归档与电子档案管理规范》,详见 http://c.gb688.cnbzgkgb/showGb? type = online&hcno = EB1CC0500D91490B5D219823AC1F3D16。

② 《电子文件归档与电子档案管理规范》,详见 http://c.gb688.cnbzgkgb/showGb? type = online&hcno = EB1CC0500D91490B5D219823AC1F3D16。

根据《数字档案室建设指南》要求,为了电子文件的长期保存和利用,需将不符合归档要求的电子文件格式转换成通用格式(图9.1)。同时,格式转换需符合以下要求:[10]

(1)不符合归档文件格式要求的电子文件原则上要进行格式转换,以达到长期保存的目的。

(2)电子文件格式转换不能改变其内容信息。

(3)条件允许的前提下,为维护档案的原始与真实性,格式转换前后的电子文件均应归档。

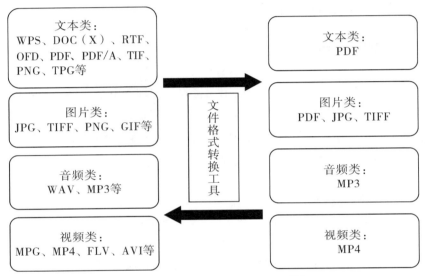

图9.1　电子档案文件格式转换[11]

9.3.5　归档方式

9.3.5.1　归档途径

电子文件归档通常以在线归档为主、离线归档为辅的方式进行。电子文件及其元数据的归档需要基于安全的网络环境或专用离线存储介质,通过电子档案管理系统或归档接口完成。

9.3.5.2　归档接口

归档接口是指业务系统与档案管理系统之间传送数据、交换信息的程序以电子文件和应用程序的形式实现。当前常用的归档接口包括Web Service归档接口、中间数据库归档接口与归档电子文件及其元数据的规范存储结构。①

如图 9.2 所示，业务系统与电子档案管理系统间的归档接口对接，首先是从业务系统归档接口传输归档数据包，接着电子档案管理系统归档接口接收归档数据包并向业务系统反馈归档信息。业务系统归档接口还需对归档电子文件及其元数据进行四性检测，将待归档电子文件及其元数据封装为归档数据包，接收归档反馈消息；电子档案管理系统归档接口则需具备解析归档数据包并进行档案四性检测，将解析后的电子文件及元数据存储在指定位置等功能。[12]

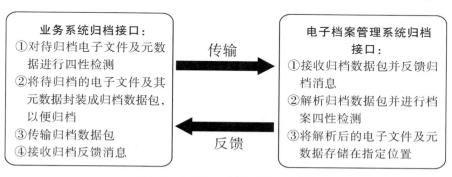

图 9.2　归档接口间的对接流程[13]

9.3.5.3　归档数据包组织

当电子文件以在线方式归档时，业务系统应以通用的格式组织存储待归档的电子文件和元数据，文件封装成数据包的形式归档，即业务系统与电子档案管理系统的归档接口之间以归档数据包的形式实现归档传输操作。归档数据包是由电子文件组件、元数据以归档文件夹为单位压缩打包形成，常用的归档数据包包括两种结构。

1. **一般结构**

归档数据包的一般结构是一个以电子文件编号命名的归档文件夹，内容包含归档电子文件组件和元数据。电子文件组件按照预先设置的归档材料目录整理和排列，存放在以归档材料目录命名的文件夹中，以待归档。②

2. **嵌套结构**

归档数据包的嵌套结构是指以嵌套的方式重新组织已归档的数据包，以

---

① 《电子文件归档与电子档案管理规范》，详见 http://c.gb688.cnbzgkgb/showGb？type = online&hcno = EB1CC0500D91490B5D219823AC1F3D16。

② 中华人民共和国国家档案局：《政务服务事项电子文件归档规范》，详见 http://www.saac.gov.cn/dajhybz201912/7d25599d474b453197478560a1f1daee/files/dea3da0e09094dc0aa1595-6c00971576.pdf。

"包中包"的形式形成新的归档数据包,通常包含原始的归档数据包、补正后的元数据和电子文件组件等内容。其中,原始的归档数据包应排在首位,补正后的元数据与新补正的电子文件组件同样参照归档材料目录分类排列。[14]

9.3.6　电子文档单套单轨制管理

《全国档案事业发展"十三五"规划纲要》提出开展电子档案单套制单轨制管理试点,电子设备生成的文件及档案仅以电子的形式保存,不再生成纸质文件,即以档案形成的原始形态归档保存,不再进行纸质备份操作。[15]《中华人民共和国档案法》(2020版)指出,"积极推进电子档案管理信息系统建设,与办公自动化系统、业务系统等相互衔接""电子档案与传统载体档案具有同等效力,可以以电子形式作为凭证使用"①,以位阶较高的法律形式明确了电子档案的证据价值,这为电子档案单套单轨制管理提供了法律依据。因此,可以预见,在下一个五年发展期间,电子文档单套单轨制管理模式即仅以在线方式开展电子文件归档并仅以电子方式存档管理将会成为业务部门归档的主要形式,同样,相关电子文档信息系统的建设与维护工作也将成为业务与档案部门的建设重点。

制度方面,2008年至今,国家档案局陆续颁布并实施了《电子文件归档光盘技术要求和应用规范》(DA/T 38—2008)、《电子文件长期保存格式要求》(DA/T 47—2009)、《基于XML的电子文件封装规范》(DA/T 48—2009)、《电子文件归档与电子档案管理规范》(GB/T 18894—2016)、《电子档案存储用可录类蓝光光盘(BD-R)技术要求和应用规范》(DA/T 74—2019)与《政务服务事项电子文件归档规范》(DA/T 85—2019)等规范文件,为电子文档单套单轨制的实施提供了相关制度基础。

技术方面,随着大数据与云计算等信息技术的快速发展,电子文档单套单轨制的实施需要从系统搭建、新型存储载体选择与档案保全等方面获取技术支持。首先,系统搭建层面,需要构建一个包含业务系统、电子文件管理系统、数字档案室与数字档案馆系统在内的连续、完整、稳定、可证的电子文档一体化管理体系。其次,为保证电子档案的长期保存与利用,需要研发出新型的存储载体,安全海量存储归档电子文件,开发新型数字签名与四性检测技术,保证电子档案真实可靠,通过格式转换与封装迁移等技术保证电子档案长期保存。最后,在电子档案证据性保全层面,需要对新技术环境下电子档案存管期间的安全完整进行持续性维护。即在各类电子档案数据生命周期延长过程中,确保电子档案的可用

---

①　《中华人民共和国档案法》,详见 http://www.saac.gov.cn/dajfalv202006/79ca4f151fde-470c996bec0d50601505.shtml。

性、完整性；更新技术手段，固化电子档案内容；同时对在库的电子档案保管的真实及证据价值进行持续监控；跟踪电子档案原生技术环境演进，把握迁移的适宜时机。[16]

电子文件与电子档案的收集与整理

9.4.1 收集

9.4.1.1 电子文件及其元数据收集

1. 电子文件收集

电子文件的收集通常是在电子文件拟制、形成与业务办理中进行的，要求收集到的各类电子文件齐全完整。

2. 元数据收集

元数据是对电子文件内容、背景、结构信息全面记录及描述的数据。作为电子文件归档与电子档案管理的重要组成部分，元数据收集在保障电子文件归档质量中发挥了基础作用。具体体现为：

（1）完整性保障。电子文件是由内容、结构及背景信息与其元数据构成的统一体，电子文件元数据记录了多个电子文件之间内容、逻辑、格式等多维关联，元数据收集直接影响归档电子文件的完整性。

（2）真实性保障。元数据完整记录了电子文件形成全过程，是维护电子文件真实性的有利凭证。

（3）有效性保障。电子文件元数据记录了电子文件呈现的技术及系统环境，保证了电子文件有效迁移及可读。

（4）方便电子文件归档与数据共享。即依据元数据规范归档电子文件开放利用的范围及其保存时限，为电子文件归档与数据共享提供依据。

（5）便于检索利用。电子文件元数据记录了电子文件内容背景、结构信息及特征，并提供了电子文件信息组织、描述和利用等基本著录单元，如题名、主题词、责任者、时间、机构、问题等元数据信息，为依据元数据开展各类电子文件信息组织、提升电子文件检索利用效率提供了有效路径。[17]

因此，在电子文件形成、办理等过程中要注重对文书、照片、录音录像等各类电子文件元数据的采集，且各单位应结合实际情况制定可行的电子文件元数据收集方案，明确电子文件元数据项目，以辅助电子文件管理系统在电子文件形成与处理中自动捕获电子文件内容、背景与结构元数据，降低元数据的收集难度。

9.4.1.2 数字化电子文件

除了原生性电子文件外，对传统模拟信号数字化形成的电子文件属于数字化电子文件，以该生成方式形成的电子文件也是我国电子档案的主要来源。数字化的过程及质量直接影响着归档电子文件的质量。

1. 档案数字化

档案数字化是指利用数据库技术、数据压缩技术、扫描技术等手段，将以纸质、银盐感光等模拟信号为记录形式（录音带、录像带）的纸质录音录像档案数字化加工，转化为存储在磁带、磁盘、光盘等载体上并可被计算机识别的数字图像或文本的过程。① 根据数字化对象的不同，档案数字化可以分为纸质档案的数字化与声像档案的数字化。

2. 档案数字化的原则

各类档案数字化要遵循安全、规范、高效的原则，即在保证档案数字化成果质量的同时合理控制成本，保证高效工作，真实反映档案原件内容或最大限度展现档案原貌，参照国家档案数字化标准规范，保护档案安全。

3. 档案数字化的具体内容

档案数字化是基于规范严谨的工作流程开展的，以纸质档案数字化为例，其具体流程包括数字化前处理、目录数据库建立、档案扫描、扫描图像处理、数据挂接与数字化成果验收移交等。[18] 无论是纸质档案还是声像档案，其数字化都应注意以下几点：

（1）在进行档案数字化之前，要先确定扫描分辨率、对比度、亮度、文件格式与帧率等档案数字化相关参数，如音频档案与视频档案的参数如表9.2、表9.3所示。

（2）扫描前，应选择合适的扫描设备，如高速扫描仪（图9.3）和图纸扫描仪（图9.4），其中，高速扫描仪具有扫描速度快的特点，速度可达每分钟20~120页，但对扫描纸张的幅面大小有限制，大幅面纸质档案无法扫描，而图纸扫描仪适用于大幅面图纸档案的扫描，但扫描速度较慢，应用中可选择两者进行互补。[19]

（3）在数字化过程中，如果出现扫描或信息采集成果不理想的情况，可通过扫描图像或音视频采集成果处理，优化数字化后档案成果质量。

---

① 中华人民共和国国家档案局.《档案数字化光盘标识规范》，详见 http://www.saac.gov.cn/dajhybz201806/38001f54f4cc4a70ab4bac4d24d92a8c/files/09676ff52e304dbab7b2ec8680e9-18ae.pdf。

（4）档案数字化之后，要进行数字化成果验收与移交，即检验项目数字化成果是否可正常读取，数字化成果与原件内容是否一致，数字化扫描图像有无偏斜、污点与压字等问题，拼接处理是否符合要求，图像是否完整与清晰，目录数据著录是否完整准确等，检查完毕后填写数据验收记录表（表9.4）。

表9.2　音频档案数字化的相关参数[20]

采样率	不低于 44.1 kHz	声道	以原始声道数记录
量化位数	24 bit	文件格式	WAVE 格式

表9.3　视频档案数字化的相关参数[21]

视频编码格式	采用 H.264 或 MPEG-2 IBP	分辨率	标清：不低于 720×480 高清：不低于 1920×1080
画面宽高比	与档案原件相同	帧率	与档案原件相同
色彩采样率	标清：不低于 4∶2∶0 高清：不低于 4∶2∶2	视频比特率	标清：不低于 8M bit/s 高清：不低于 16M bit/s
视频量化位数	不低于 8 bit	音频编码格式	PCM
音频采样率	不低于 48 kHz	音频量化位数	不低于 16 bit
声道	以原始声道数记录	文件格式	AVI 或 MXF 格式

图 9.3　高速扫描仪①

图 9.4　图纸扫描仪②

---

① 图片源自广州慧信档案技术有限公司。
② 图片源自广州慧信档案技术有限公司。

表 9.4 纸质档案数字化数据验收记录[①]

验收时间：												验收人：
序号	档号-件号	可正常读取	内容与文件题名对应	卷（件）内起始页号与目录一致	卷（件）内终止页号与目录一致	无偏斜	无畸变	无压字	拼接处符合要求	图像完整、清晰	无扫描杂质（污点、污线、黑边）	未扫描档案无替代页	数字化情况说明等目录数据著录完整、准确

9.4.2 归档电子文件整理

9.4.2.1 组件

组件是指构成电子文件和电子档案独立存在的一个比特流。例如，文书类电子档案的组件包括电子公文正文、若干附件、定稿或修订稿、公文处理单等。电子文件整理应以"件"为整理单位，也可根据实际以"卷"为整理单位，无论是以"件"为整理单位还是以"卷"为整理单位，均需保持归档电子文件的内在联系，建立归档电子文件与元数据之间有效关联。[②]

9.4.2.2 分类

与纸质归档文件的分类相似，归档电子文件的分类应按照电子档案的分类方案执行。各种类型的归档电子文件均有对应参考执行的标准或分类方案，如文书、专业、邮件、社交媒体等电子文件的分类可参照《归档文件整理规则》（DA/T 22—2015）执行，网页类电子文件的分类可参照《政府网站网页归档指南》（DA/T 80—2019），科技类电子文件的分类可参照《科学技术档案案卷构成的一般要求》（GB/T 11822—2008）、《建筑项目档案管理规范》（DA/T 28—2018）与《企业文件材料归档范围和档案保管期限规定》等规范要求。通常归档电子文件可采用"年度—保管期限"或"年度—保管期限—机构（项目/问题）"分类方法，结合实际构建归档电子文件分类方案。

---

① 表格源自广州慧信档案技术有限公司。
② 《电子文件归档与电子档案管理规范》，详见 http://c.gb688.cnbzgkgb/showGb? type = online&hcno = EB1CC0500D91490B5D219823AC1F3D16。

9.4.2.3 排列

归档电子文件的排列是指在电子文件分类方案的指导下,各类目结合时间、问题、保管期限、重要程度等原则对电子文件、元数据、纸质文件目录数据等同步排序的过程。同一事由的归档电子文件应按文件形成的先后顺序排列,排列结果应保持归档电子文件之间的有机联系。[22]

9.4.2.4 编号

归档电子文件要分别对电子文件及其离线存储介质进行编号。根据《归档文件整理规则》的相关要求,归档电子文件的档号格式宜为"全宗号—档案门类代码·年度—保管期限—机构代码—件号",如"12－2020－Y－1234－0001",其中,"12"为全宗号,"2020"为年度,"Y"为保管期限,"1234"为机构代码,"0001"为件号。[23]归档电子文件的档号一般由业务系统或电子档案管理系统按内置命名规则自动有序地为归档电子文件及其组件命名。另外,光盘等离线存储介质的编号应由档案大类类目号、属类(项目)类目号、电子文件类别代码、光盘序号与套别组成,其编写形式如图9.5所示。

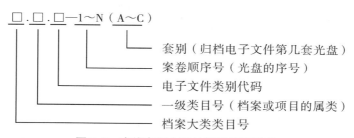

图9.5 离线存储介质的编号编写形式

其中,档案大类的类目号依据档案分类设定,包括文书档案(WS)、声像档案(SX)、设备档案(SB)、基建档案(JJ)、会计档案(KJ)等。同时,某类下如有子类目还需对下一级类目补充说明,如可对声像档案类目添加照片档案、录音录像档案的补充说明。归档电子文件类别代码一般用字母表示,如T表示文本文件,I表示图像文件,G表示图形文件,V表示影像文件,A表示声音文件,O表示超媒体链接文件,P表示程序文件,D表示数据文件。案卷顺序号或光盘序号则用阿拉伯数字表示。套别是指归档电子文件的套号,一般用大写英文字母A、B、C表示,其中,"A"代表封存保管,"B"代表查阅利用,"C"代表异地保管。[24]

1. **文书档案**

文书档案的编号可以参照图9.6。

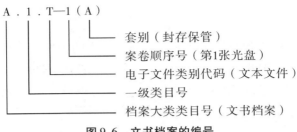

图9.6 文书档案的编号

2. 基建档案

基建档案的编号可以参照图9.7。

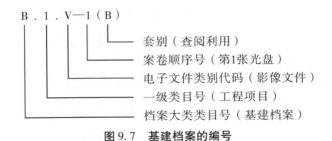

图9.7 基建档案的编号

3. 设备档案

设备档案的编号可以参照图9.8。

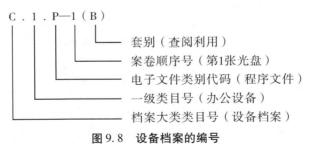

图9.8 设备档案的编号

4. 会计档案

会计档案的编号可以参照图9.9。

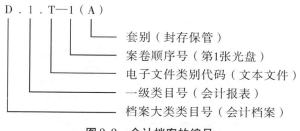

图 9.9 会计档案的编号

9.4.2.5 编目

归档电子文件的整理编目通常包括电子文件归档目录与归档光盘目录的编制。其中，电子文件归档目录一般是依据电子文件的编号顺序编制，由电子档案管理系统自动生成或使用电子表格人工编制，归档目录包含序号、档号、题名、责任者、日期、张数或时长、保管期限、密级、备注等内容。归档光盘目录除文件夹起止号外，其他内容与电子文件归档目录类似，具体目录式样如表 9.5 与表 9.6 所示。

表 9.5　电子文件归档目录①

序号	档号	题名	责任者	日期	张数或时长	保管期限	密级	备注

表 9.6　归档光盘目录②

序号	档号	题名	文件夹起止号	日期	张数或时长	保管期限	备注

同时，需要编制目录封面与目录脊背信息。目录封面应符合《归档文件整理规则》[25]的要求，包含全宗名称、全宗号、类别、目录号、起止卷号与保管期限等内容，如图 9.10 与表 9.7 所示。目录脊背信息则包含类别、全宗号、目录

---

① 表格源自广州慧信档案技术有限公司。
② 表格源自广州慧信档案技术有限公司。

号与起止卷号四项内容，如表9.8所示。

图9.10　电子档案目录封面①

表9.7　目录标签②

全宗名称	
全宗号	
类别	
目录号	
起止卷号	
保管期限	

表9.8　目录脊背③

类别
电子档案
全宗号
目录号
起止卷号

---

① 图片源自广州慧信档案技术有限公司。
② 表格源自广州慧信档案技术有限公司。
③ 表格源自广州慧信档案技术有限公司。

9.5 归档电子文件的保管与利用

9.5.1 保管

9.5.1.1 保管期限的确定

《电子文件归档与电子档案管理规范》规定，归档电子文件的保管期限分为永久、定期30年和定期10年等，永久用"Y"表示，定期用"D"与保管期限表示，即用代码"Y""D30""D10"等著录标识。

9.5.1.2 具体管理

1. 存储与备份

分门别类、集中有序地存储归档电子文件，规范管理和高效利用电子档案是电子档案管理的基本要求。目前电子档案有4种存储方式，分别是输出纸拷贝、脱机介质存储、双套制以及电子档案管理系统存储。随着信息技术的发展，无纸化业务进程的推进，电子档案存储主要倾向于脱机介质存储与电子档案管理系统存储相结合的双套制存储方式。同时，各单位在选择适宜的存储载体时应考虑载体的规格、稳定性与耐久度等性能、供应渠道、成本与更新周期等因素。综上，电子档案存储介质的选择，应首要考虑保护电子档案的安全性与稳定性，以长远的视角综合考虑选择离线存储介质，避免造成电子档案丢失或载体数据维保困难等问题。[26]

电子档案的备份工作为电子档案安全利用提供了保障。各单位应在确保电子档案真实、完整、可用、安全的基础上制订电子档案备份方案，开展电子档案及其元数据，电子档案管理系统及其配置数据、日志数据等的备份管理。目前，电子档案备份主要包括在线备份与离线备份2种方式。在线备份宜采用磁带备份系统，定期对电子档案及其元数据、电子档案管理系统的配置数据和日志数据等进行全量、增量或差异备份。电子档案离线备份可采用一次写入型光盘、磁带、硬磁盘等离线存储介质①，备份应保持与备份原件信息一致，严防信息丢失或变

---

① 《电子文件归档与电子档案管理规范》，详见 http://c.gb688.cnbzgkgb/showGb? type = online&hcno = EB1CC0500D91490B5D219823AC1F3D16。

化，否则就失去了备份的意义。

无论是存储还是备份，都应对离线存储介质规范管理。规范管理应包含两部分内容：

（1）标识离线存储介质并维护介质保管环境。需在规范编制介质编号的基础上标识离线存储介质（介质编号编制参见看本章9.4.2.4节），介质标识应包括全宗号、责任者、密级、题名、类别、档号、保管期限、文件格式、存储载体类型与刻录时间等内容。标识应如图9.11所示贴在光盘右上角，且光盘标签内容如表9.9所示。存储介质应远离强磁场、强热源，保持存储环境的温湿度。可将磁性离线介质放入防磁柜中，在接触存储介质时避免擦、划、触摸记录涂层。

表9.9 光盘标签②

全宗号		密级	
责任者			
题名			
类别		保管期限	
档号			
文件格式	文本	刻录时间	
光盘类型			

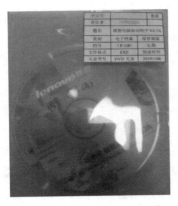

图9.11 光盘贴标签示例①

（2）定期对离线存储介质抽样检测。抽样检测的抽样率应不低于10%，检测周期宜为两年。当检测结果不合格时应立即更新或淘汰离线存储介质，并在此前做好原存储介质电子档案及其元数据迁移工作。[27]

2. 元数据维护

在电子档案管理全过程中，各单位应基于电子档案管理系统持续开展电子档案元数据采集、备份、转换与迁移等管理活动，以维护电子档案元数据并保持电子档案与其元数据之间的关联。元数据维护中应禁止修改电子档案背景、结构和管理过程元数据，对题名、责任者、文件编号、日期、人物、保管期限、密级等元数据的修改应符合管理规定，不同类型的电子文件与电子档案的元数据管理可分别参照《文书类电子文件元数据方案》《照片类电子档案元数据方案》与《录音录像类电子档案元数据方案》，并且修改操作应记录于日志文件中，适时维护

---

① 图片源自广州慧信档案技术有限公司。
② 表格源自广州慧信档案技术有限公司。

电子档案元数据。

3. 鉴定与审查

归档电子文件鉴定可分为归档鉴定与销毁鉴定，主要鉴定电子文件是否具备归档保存价值，并根据其所含信息价值确定其保管期限，提供无保存价值的电子档案的销毁依据。从形式上看，鉴定可分为内容鉴定与技术鉴定。其中，内容鉴定常在归档前开展，是对归档电子文件内容价值的鉴定，重点审查归档电子文件的原始性、真实性、系统性与完整性。技术鉴定则是对电子文件保存环境及存储介质等进行鉴定，提出对存储环境或存储介质的相关要求。另外，电子档案销毁鉴定是根据档案保管期限开展的鉴定活动，即对保管期满后的电子档案，经与档案形成部门协商提出续存或销毁意见。[28] 此外，档案部门还应联合保密部门，定期对符合国家相关规定的涉密电子档案进行解密审查，必要时与相关职能部门协商审查其是否具备解密的要件。

4. 转换与迁移

为了安全长期保存电子档案，需要对电子档案及其元数据定期进行转换或迁移。通常当电子档案当前存储格式将被淘汰、失去技术支持或为非通用格式，或因技术系统与硬件设施的更新或升级、存储介质检测不合格等原因需更换存储介质或管理系统时，需开展电子档案转换与迁移。

转换与迁移应遵循确保电子档案真实、可靠、完整和可用的原则，按照确认转换或迁移需求、评估转换或迁移风险、制定转换或迁移方案、审批转换或迁移方案、转换或迁移测试、实施转换或迁移、评估转换或迁移结果、报告转换或迁移结果等步骤实施。此外，还应保留电子档案转换迁移管理活动的元数据，填写电子档案转换迁移登记表，并对转换和迁移后的电子档案及其元数据进行备份。① 归档电子文件的迁移登记表式样如表 9.10 所示。

表 9.10　归档电子文件迁移登记表②

源系统设备情况	硬件系统			
	系统软件			
	应用软件			
	存储载体			

---

① 《电子文件归档与电子档案管理规范》，详见 http://c.gb688.cnbzgkgb/showGb? type=online&hcno=EB1CC0500D91490B5D219823AC1F3D16。

② 表格源自广州慧信档案技术有限公司。

（续上表）

目标系统设备情况	硬件系统			
	系统软件			
	应用软件			
	存储载体			
被迁移归档电子文件情况	记录数		字节数	
	迁移时间			
	操作者			
填表人：			年　月　日	
审核人：			年　月　日	
单位（盖章）：			年　月　日	

9.5.2　利用及统计

电子文件与电子档案的利用是指在电子文件管理与档案系统，利用者依据分配权限获取电子文档检索、浏览、复制、下载等活动。电子文档的利用体现了电子文档管理的根本目的，也是获取利用部门需求，检验提升各项电子文档管理工作质量的关键环节。开展电子文档利用应具备档案资源、配套的管理制度、档案检索系统（数字档案室、数字档案馆等）、利用场所（数字档案室、数字档案馆、档案阅览室）和设施（复印机、计算机、照相机）等条件。

为避免丢失，通常电子档案及其元数据的离线存储介质一般不外借利用。用户的电子档案利用权限通常由档案部门在遵守国家档案开放利用服务规范与保密规定的基础上，根据利用者的工作岗位、职责等要素在电子档案管理系统上设置。电子文档的利用服务可参照《档案法》《档案馆工作通则》《机关档案工作条例》《企业档案管理规定》《电子文件归档与电子档案管理规范》等法规制度标准的相关条款。

为了优化管理电子文件，需要以年为单位结合实际适时统计各门类电子档案的馆藏与利用情况，统计内容既包括馆藏电子档案数量，也包括电子档案利用情况。统计表（表9.11）以档案门类、年度与保管期限作为统计要素，还可增加密级、卷数、件数、大小、格式、时长、销毁、移交、利用人次、利用目的、复制、下载等要素，通过对统计信息的阶段性量化分析，客观反映当前电子档案的馆藏与利用现状及问题，调整与优化电子档案的管理利用工作，提高电子档案的利用水平。

表9.11 电子档案统计表①

年度	文书档案			设备仪器档案			基建档案			声像档案		
	永久	30年	10年	永久	30年	10年	永久	30年	10年	永久	30年	10年

9.6 电子档案管理系统

《电子档案管理系统基本功能规定》对电子档案管理系统的基本功能做了详细规定。2021年，《电子档案管理系统通用功能要求》等相关国家标准出台，进一步对电子档案管理系统的总体功能做了明确要求，即电子档案管理系统需具备系统结构开放性、功能扩展性、配置灵活性、安全可靠性、电子档案分库管理、多类电子档案管理与实体档案辅助管理等功能要求，对电子档案从接收、整理、保存、利用、处置到统计的全流程管理提供了详细的指导与要求。

9.6.1 电子档案管理系统的全流程管理

电子档案管理系统的全流程管理包括电子档案的接收、整理、保存、利用与处置等环节。在各环节的功能设定上，有以下要求：接收环节中，电子档案管理系统应对接收的电子档案具有处理、检查、登记以及征集的功能；整理环节中，电子档案管理系统应具备电子档案组织、编目、格式转换、关联数据与归档入库等功能；保存流程中，电子档案管理系统应具有电子档案备份与恢复、监控、业务过程统计、保存检查与保护等功能，以达到安全保存电子档案的目的；利用流程中，电子档案管理系统应具备开发检索利用、电子借阅、编研与利用登记等功能；此外，电子管理系统还需具备实施鉴定与处置操作功能，如安全销毁功能等。[29]

---

① 表格源自广州慧信档案技术有限公司。

9.6.2 电子档案管理的安全保障

安全是电子档案管理过程中需要考量的首要因素，是保障电子档案真实、完整及有效性的前提与基础。电子档案在保管利用与管理全流程中安全保障的内容不同，需要加以区分。[30]

（1）电子档案保管中的安全保障。在电子档案的保管过程中，电子档案的真实性与长期可读性是安全保障的重点，常通过建立凭证信息，如数字签名、时间戳技术、电子档案元数据管理以及创建电子档案身份标识技术，保障电子档案的真实性，而电子档案的长期可读性则可通过电子档案格式管理与封装包的数字迁移途径实现。

（2）电子档案利用中的安全保障。电子档案利用中的安全保障，一方面可通过提供副本利用保障电子档案原件的安全，另一方面可明确划分访问与利用的权限，实现电子档案利用中系统管理员、安全管理员与安全审计员的三权分立，维护档案元数据的完整性，保障电子档案的信息安全。

（3）电子档案管理全流程中的安全保障。四性检验与备份管理是贯穿电子档案管理全流程的两大安全保障措施，具有基础性作用。其中，四性检验包含电子档案的真实性、完整性、可用性与安全性检验，是确保发挥电子档案原始价值的基础性保障措施。备份管理则是电子档案安全保障的补救性措施，通过全流程的阶段性备份，可以避免电子档案管理原件的唯一性受到威胁。

9.7 电子档案整理实例——会计电子档案与基建电子档案

9.7.1 会计电子档案

与传统纸质会计档案相比，电子会计档案的信息形态具有数字化与非人识读的特点，必须在特定的计算机硬件软件环境中才可重现，且由于其存储环境的特殊性，电子会计档案数据的安全性和真实性易受到威胁[31]，因此，归档保存的电子会计档案应保证会计电子文件来源的真实有效性、会计核算系统的准确合规性、电子档案管理系统与会计业务系统有效对接，且符合长期保管的要求，确保电子会计档案的真实、完整、可用、安全。[32]与纸质会计档案管理相似，电子会计档案管理主要包括收集、移交、整理及后续利用开发等环节，如图9.12所示为电子会计档案管理流程。

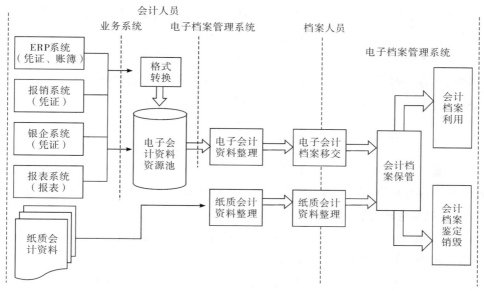

图 9.12 电子档案管理流程[33]

9.7.1.1 电子会计资料的收集

电子会计文件资料形成于会计核算系统、电子报账系统、合同管理系统、资金管理系统、报表系统等会计业务系统。通常需要收集归档的电子会计资料主要包括电子会计凭证、电子会计账簿、电子会计报表以及其他有存管价值的电子会计资料。不同类别的电子会计资料收集时间不同，通常电子会计凭证在会计年度结束前，电子会计账簿在会计结算一个月内，电子会计报表在其生成后一个月内，其他类别如固定资产卡片在固定资产报废后一年内收集归档。[34] 收集移交的电子会计资料应符合《会计档案管理办法》中对于电子会计档案的要求，确保来源真实有效，内容准确完整可用，且移交格式符合通用标准。[35]

9.7.1.2 电子会计资料的移交

电子会计资料移交归档时需要先进行数据格式转换，数据格式转换常由会计业务人员操作（图 9.12），即将会计业务系统生成的电子会计资料利用会计业务系统转换成版式文件（如 OFD、PDF/A 格式①），以在线归档方式通过集成接口向档案系统移交，该过程可通过 Web Service 实现电子会计资料的在线收集归档，

---

① 蔡盈芳：《互联网+会计档案管理》，电子工业出版社 2019 年版，第 90～91 页。

也可通过数据交换实现。Web Service 采用的是 HTTP、XML、SOAP、WSDL 等统一开放标准，可实现异构系统之间的集成服务，具有较强的平台兼容性，因此，可实现电子会计资料实时数据移交，但对业务系统、档案管理系统要求较高，开发成本较高。而通过进行数据转换采用中间数据交换的方式移交归档，通常为统一规范的 XML 格式，包括数据包或数据库交换不同形式，其对档案管理系统要求较低，将 XML 数据结构映射在档案管理系统中即可完成数据归档。具体可根据档案管理系统功能选择移交方式。[36]

9.7.1.3　电子会计资料的整理

档案工作人员接收电子会计资料后，可直接在档案管理系统中整理并将其转移至长期保存模块完成会计档案的归档，通常按电子会计资料类别分类整理。

1. 电子会计凭证

（1）组件：整理电子会计凭证通常以件为单位，组件完成后需对件内文档采用自然排序、编号大小等方式排序。

（2）分类：在当前会计核算领域通常存在纸质会计凭证与电子会计凭证共存的情况，所以电子会计凭证的分类需要考虑其载体形式。可在原纸质会计凭证分类的基础上增加"载体形式"的类别，如将"会计文件形式—会计年度—保管期限"分类法调整为"会计文件形式—会计年度—保管期限—载体类型（电子/纸质）"。

（3）元数据捕获及编目：即捕获电子会计凭证背景信息，如立档单位名称、全宗号、目录号、保管期限、主题词、关键词等。

2. 电子会计账簿

电子会计账簿的整理无须组件，以其固有的"本"或"册"的形式整理。电子会计账簿的分类可参照纸质会计档案的分类形式，如"会计文件形式—会计年度—保管期限"分类法，但考虑现有会计账簿保管期限为 30 年，所以采用该分类方法时可调整为"会计文件形式—会计年度—会计账簿类型"，即在最低层次按照会计账簿类型（总账、明细账、银行账、固定资产卡等）进行细分排列。

3. 电子会计报表

电子会计报表的整理与电子会计凭证相似，通常按照会计年度进行组件再分类排列即可。

以电子形式归档保存会计档案有赖于会计业务系统与档案管理系统、前端与后端的一体化管理的技术支持以及完善的管理体系建设。具体工作当中可依据单位自身会计业务系统、档案管理系统设计情况开展协调，明确单位内部的电子会计档案整理工作。[37]

9.7.2 基建项目电子档案

参照《建设项目档案管理规范》(2018),项目文件是指在项目建设过程中形成的文字、图标、声像、实物等材料。基建项目档案是指经过鉴定、整理、归档的有价值的基建项目文件。基建项目电子文件是指在数字设备及环境中生成,以数码形式存储于磁带、磁盘、光盘等载体,依赖计算机等数字设备阅读、处理,记录和反映基建项目建设和管理各项活动的文件,包括基建项目文本电子文件、图像电子文件、图形电子文件、视频电子文件、音频电子文件等。基建项目电子档案是指项目建设过程中产生的具有保存价值并归档保存的一组有联系的基建项目电子文件及其过程信息的集合。①

9.7.2.1 电子基建档案归档要求[38]

(1) 归档电子基建项目文件应采用符合国家标准或能转换成符合国家标准的文件格式,以便信息共享和长期保存。电子基建项目归档文件的格式应符合国家规定的电子档案长期保存的格式。归档电子基建项目文件除包含电子文件内容外,还应包含过程、版本、结构及背景信息等元数据。

(2) 电子基建项目文件归档一般采用物理归档的方式。电子基建项目文件经过形成部门鉴定和检测后,由相关责任人确认归档,赋予归档标识。归档标识中应包含归档责任人、归档时间、文件信息包名称等内容。

(3) 电子基建项目文件归档可采取在线归档或离线归档的方式向档案部门移交,并在内容、格式、相关说明及描述上与纸质基建项目档案保持一致,建立二者间的关联。采取离线方式归档时,应将带有归档标识的电子文件拷贝至较强耐久性的存储介质上,存储介质的选择依次为光盘、磁带、硬磁盘等,存储介质应设为禁止写入的状态。

(4) 存储电子档案的介质或装具上应贴有标签,标签应注明载体序号、类别号、案卷起止号、密级、保管期限、存入日期等。存储介质为光盘的,归档标签应符合 DA/T 38 的规定。

(5) 重要活动及事件、原始地形地貌、建设中的工程进度、隐蔽工程、关键节点工序、重要部位、地质及施工缺陷处理、工程质量、安全事故、重要芯样等,应形成照片和音视频文件。图像电子文件、视频电子文件应主题突出、曝光准确、影像清晰。图像电子文件分辨率应达到 300 dpi 以上,视频电子文件宜采

---

① 中华人民共和国国家档案局:《DA/T 28—2018 建设项目档案管理规范》,国家标准出版社 2018 年版。

用200万以上像素拍摄。

参考文献

[1] 丁海斌. 电子文件管理基础[M]. 北京：中国档案出版社，2002.

[2] 中华人民共和国国家档案局办公室. 电子档案管理系统基本功能规定. [S/OL]. [2020-06-12]. http://www.saac.gov.cn/daj/gfxwj/201910/0ae864936c3a49d1abde0e-618dc47044/files/662022358a8542f78032c2b5-c1ac4775.pdf.

[3] 王向女，邱怡璇. 电子文件全程管理实现的概念模型研究[J]. 山西档案，2019（06）：13-18.

[4] 中华人民共和国国家档案局. 电子档案管理基本术语：DA/T 58—2014 [S/OL]. [2020-06-12]. http://www.saac.gov.cn/dajhybz201806/11d12caaf89e4228a720b07fdd-ffb480/files/4edded2147cc407fa4c72638ee-dc9726.pdf.

[5] 广东省档案局. 广东省电子文件归档与管理实施办法[EB/OL]. [2020-06-12]. http://www.szgm.gov.cnxxgkqbmbscxxgkml/zhbgsxxgkzcfg/gjsszcfg/conte-nt/post_4774592.html.

[6] 中华人民共和国国家档案局. 机关文件材料归档范围和文书档案保管期限规定. [EB/OL]. [2020-06-12]. https://www.saac.gov.cn/dajbmgz200612/1554c070c6d949-168a3fbaf0ac52207e/files/aa22923e181-c4a3abe579dbc682a57bc.pdf.

[7] 中华人民共和国国家档案局. 企业文件材料归档范围和档案保管期限规定. [EB/OL]. [2020-06-12]. https://www.saac.gov.cn/daj/yaow/201212/c745fb4a13b6468-c989b99f27762c219.shtml.

[8] 河南省档案局. 河南省电子文件归档与电子档案管理办法[EB/OL]. [2020-06-12]. http://www.hebi.gov.cnsdaj2055878/2225215/index.html.

[9] 中华人民共和国国家质量监督检验检疫总局，中国国家标准化管理委员会. 电子文件归档与电子档案管理规范：GB/T 18894—2016 [S/OL]. [2016-08-29]. http://c.gb688.cnbzgkgb/showGb?type=online&hcno=EB1CC0500D91490B5D219823AC1F3D16.

[10] 邹杰.《归档文件整理规则》电子文件的其他整理要求（之七）[J]. 档案天地，2018（04）：8-11.

[11] 中华人民共和国国家档案局. 探索电子文件归档和电子档案管理新模

式研究报告［EB/OL］．［2021－06－12］．bed58574869b426-ab6b65a66f128b857.pdf（saac.gov.cn）．

［12］中华人民共和国国家档案局办公室．企业电子文件归档和电子档案管理指南．［S/OL］．［2020－06－12］．https://www.saac.gov.cn/daj/gfxwj/201910/1d5c7e2b02-30445e8acaf0457c8e92a7/files/036f27afd775-4fa185dcd8ff9a76b22e.pdf.

［13］中华人民共和国国家档案局办公室．企业电子文件归档和电子档案管理指南．［S/OL］．［2020－06－12］．https://www.saac.gov.cn/daj/gfxwj/201910/1d5c7e2b02-30445e8acaf0457c8e92a7/files/036f27afd7754fa185dcd8ff9a76b22e.pdf.

［14］中华人民共和国国家档案局．政务服务事项电子文件归档规范：DA/T 85—2019［S/OL］．［2020－06－12］．http://www.saac.gov.cn/dajhybz201912/7d25599d474b-453197478560a1f1daee/files/dea3da0e09-094dc0aa15956c00971576.pdf.

［15］中华人民共和国国家档案局．全国档案事业发展"十三五"规划纲要［J］．中国档案，2016（5）：14－17．

［16］劳旖旎．电子文件单套制及其对策研究［D］．苏州：苏州大学，2019．

［17］孔庆宁．基于元数据在电子档案管理中起到的作用探讨［J］．群文天地，2012（12）：115．

［18］中华人民共和国国家档案局．纸质档案数字化规范：DA/T 31—2017［S/OL］．［2020－06－12］．http://117.128.6.20/cache/www.saac.gov.cn/dajhybz201806/496cc2b09-1344843b5b388b744818c65/files/fa1-0b12908dc47c3b7ccc3aaab746625.pdf?ich_args2＝463－122300-16026356_ae6ee2126592749d6581f2f2ccb4d9d1_10001002_9c896d2d-dec4f5d1973b518939a83798_dde31c73219d08fc643b5cd085d4ab1b.

［19］朱铮．档案数字化研究［D］．苏州：苏州大学，2006．

［20］中华人民共和国国家档案局．录音录像档案数字化规范：DA/T 62—2017［S/OL］．［2020－06－12］．http://117.128.6.32/cache/www.saac.gov.cn/dajhybz201806/9d13ff4963f146ce861527917def163c/files/47f8ce35645147398656f798434f154b.pdf?ich_args2＝463－12230022-027110_cad3f288c95ead9da53fa7b16ed81147_10001002_9c896d2dde-c4f5d1953b518939a83798_33fc912b81304416a2d5426eb32e19de.

［21］中华人民共和国国家档案局．录音录像档案数字化规范：DA/T 62—2017［S/OL］．［2020－06－12］．http://117.128.6.32/cache/www.

saac. gov. cn/dajhybz201806/9d13ff4963f146ce861527917def163c/files/47f8ce35645147398656f798434f154b. pdf？ich _ args2 = 463 - 122300-22027110 _ cad3f288c95ead9da53fa7b16ed81147 _ 10001002 _ 9c896d2-ddec4f5d1953b518939a83798_33fc912b81304416a2d5426eb32e19de.

［22］中华人民共和国国家质量监督检验检疫总局，中国国家标准化管理委员会. 电子文件归档与电子档案管理规范：GB/T 18894—2016［S/OL］. ［2016 - 08 - 29］. http：//c. gb688. cnbzgkgb/showGb？type = online&hcno = EB1CC0500D91490B5D219823AC1F3D16.

［23］邹杰. 《归档文件整理规则》对电子文件整理一般要求的适用（之六）［J］. 档案天地，2018（03）：6，8，48.

［24］中华人民共和国国家质量技术监督局. CAD 电子文件光盘存储、归档与档案管理要求 第一部分：电子文件归档与档案管理：GB/T 17678. 1—1999［S/OL］. ［2020 - 06 - 12］. http：//c. gb688. cnbzgkgb/showGb？type = online&hcno = 7D1A532A0CEFBC2132C3C4D0870-EDBA3.

［25］中华人民共和国国家档案局. 归档文件整理规则：DA/T 22—2015［S/OL］. ［2020 - 06 - 12］. http：//117. 128. 6. 18/cache/www. saac. gov. cn/dajhybz201806/b305d0d06b864f81bdad2bbc4672bc9d/files/9e059b6-83ad44ed992bc7680e1c26d2c. pdf？ich_args2 = 463 - 12225619018889 _ 4a9e9f139e3813ada6a268280e7597d4 _ 10001002 _ 9c896d2ddec4f2d6-9e39518939a83798_2a9c2033b9fbfb6fa30328ecf539751b.

［26］刘萌. 信息化与电子文件管理［M］. 重庆：西南师范大学出版社，2003.

［27］中华人民共和国国家质量监督检验检疫总局，中国国家标准化管理委员会. 电子文件归档与电子档案管理规范：GB/T 18894—2016［S/OL］. ［2016 - 08 - 29］. http：//c. gb688. cnbzgkgb/showGb？type = online&hcno = EB1CC0500D91490B5D219823AC1F3D16.

［28］中华人民共和国国家档案局. 电子文件归档与电子档案管理概论［M］. 2 版. 北京：中国档案出版社，1999.

［29］中华人民共和国国家档案局. 电子档案管理系统通用功能要求：GB/T 39784—2021［S/OL］. ［2021 - 05 - 21］. http：//c. gb688. cnbzgkgb/showGb？type = online&hcno =4FACC0EF274CE01C8C315515398DF5A6.

［30］陈永生，苏焕宁，杨茜茜，侯衡. 电子政务系统中的档案管理：安全保障［J］. 档案学研究，2015（04）：29 - 40.

［31］王英玮. 专门档案管理［M］. 北京：中国人民大学出版社，2017：125.

［32］中华人民共和国国家档案局. 会计档案管理办法［EB/OL］. ［2021 -

08－18］． http：//www. gov. cn/xinwen/2015－12/15/content＿502-4054. htm．

［33］蔡盈芳． 互联网＋会计档案管理［M］． 北京：电子工业出版社，2019：77，110－113，115－120．

［34］蔡盈芳． 互联网＋会计档案管理［M］． 北京：电子工业出版社，2019：77，110－113，115－120．

［35］中华人民共和国国家档案局． 会计档案管理办法［EB/OL］．［2021－08－18］． http：//www. gov. cn/xinwen/2015－12/15/content_5024054. htm．

［36］蔡盈芳． 互联网＋会计档案管理［M］． 北京：电子工业出版社，2019：77，110－113，115－120．

［37］蔡盈芳． 互联网＋会计档案管理［M］． 北京：电子工业出版社，2019：77，110－113，115－120．

［38］中华人民共和国国家档案局． DA/T 28—2018 建设项目档案管理规范［S］． 北京：国家标准出版社，2018：8．

第 10 章　家庭档案整理

知识目标

（1）掌握家庭档案的概念以及归档与整理流程。
（2）了解家庭档案的保管利用价值。

能力目标

（1）理解家庭档案的意义与价值。
（2）明确家庭档案归档整理流程，提高家庭档案的日常管理意识。

案例导入

某企业员工小王陷入工作劳务纠纷后，因不注重家庭档案收集与保管，致使诉讼中无法拿出有效的证据材料，自身合法权益无法得到有效保障。

案例解析

我们在日常学习、工作与生活中，随时都有可能需要家庭档案，如出生证、身份证、房产证、学位证书、结婚证或财产支出明细等，这些材料可作为参考材料或凭证，维护自身或家庭成员的合法权益，同时提高工作和办事效率。如果家庭档案的管理未受到足够重视，维护家庭成员合法权益需要相关凭证材料支持时会处于被动。因此，我们需要提高家庭档案存管意识，注重日常家庭档案的开发与利用。

10.1 家庭档案的概念

10.1.1 概念

家庭是社会的主要组成部分,也是社会的细胞与核心,是以婚姻和血缘关系联结的一种社会生活组织形式。档案是在社会实践中形成的具有保存参考价值的各种原始记录。家庭档案是家庭成员在生活、学习与社会活动中形成的具有参考与利用价值的,可归属家庭或个人保管备查的文字、图表、音像等各类原始记录,如家谱、证件、书信、家庭照片与发票等。[1]家庭成员将这些原始记录收集并按照一定规则保存起来则形成了记录家庭成员生活、真实反映社会历史发展的家庭档案。家庭档案是国家档案资源的重要补充,具有较高的指导与保存价值。

10.1.2 家庭档案与图书资料和实物收藏的区别

家庭档案是家庭成员在家庭生活与社会活动中的原始记录,是家庭生活的衍生产物,能反映或还原家庭相关事件与情景,具有较强的参考价值与原始性,这是家庭档案区别于家庭图书与实物收藏的主要因素。家庭档案包含家庭成员笔迹、照片、录像以及录音等材料,可以真实具体地反映家庭教育、家庭成员的思想立场、合法权益、生活管理以及家庭社会活动的历史面貌。

家庭图书资料与实物收藏,是家庭成员出于兴趣、爱好及某种需求,以社会上收集、购买或是他人赠送等方式有意识地保存的图书文件资料。家庭图书资料与实物收藏不是家庭或家庭成员形成的原始记录,不一定具有保存价值。而家庭档案是由家庭成员为了处理具体事务而直接形成的原始记录。理清家庭档案与图书资料和实物收藏的关系与区别,可以明确家庭档案的归档范围,降低家庭档案的建档难度。[2]

10.2 家庭档案的特点与意义

10.2.1 特点

家庭档案因其来源、组成、功能的特殊，较之机关、团体、企事业单位形成的各类档案，具有私有性、广泛性、丰富性、隐私性、社会性以及时效性等特点。

10.2.1.1 私有性

家庭档案是家庭成员在家庭和社会活动中形成的，其收集、整理与保存等均在家庭中进行，内容与家庭生活密切相关，因此，私有性是家庭档案的主要特点。国家机关、社会团体和企事业单位形成的档案多属国家或组织所有，而家庭档案则属家庭所有，但部分对国家社会有重要保存备考价值的家庭档案，可以购买、赠送、暂存等形式移交国家档案部门保管。

10.2.1.2 广泛性

家庭档案的广泛性主要体现在形成范围广泛、反映内容广泛与载体记录形式广泛等方面。因家庭档案在形成上无统一标准规范，故家庭档案在构建中特色各异。各形成家庭以方便家庭档案保存与利用为目的，在分类上呈现出多种标准及方案。

10.2.1.3 丰富性

家庭档案的丰富性主要体现在内容上。作为社会的基本组成单元，各家庭成员工作、生活、学历背景各异，相应的家庭历史及家庭成员形成了包含私人文件、学习资料、日记及书信材料、家庭理财经营类、动产不动产设备等类的内容丰富的家庭档案。

10.2.1.4 隐私性

家庭档案归家庭所有，其记录反映家庭成员的财产收入、健康、教育、日常生活等隐私性内容。如与家庭财产收入分配、家庭成员健康状况相关的文件资料，有关家庭荣誉、特殊工艺、技术诀窍和秘方等文件资料，均体现出家庭档案的隐私性特征，一般不允许外人查阅与利用，并且国家保护家庭个人所有的合法的档案资料不受任何单位及个人侵犯，认可家庭档案的隐私性。

10.2.1.5 社会性

家庭档案具有社会性特质。家庭是社会的基础组织，家庭档案在记录家庭生活的过程中，也在侧面反映着家庭成员参与社会活动的情况，如家庭的经济收支、教育科技、文化娱乐、学习工作等，同时也在侧面反映着社会经济、教育、文化、科学的发展与变迁。家庭档案是社会发展的缩影，是公共档案资源的有益补充。[3]

10.2.1.6 时效性

家庭档案具有有限的时效性，其时效一般短于国家档案。家庭档案有限的时效性主要表现为因家庭成员的故去，与之相关的家庭档案会丧失其利用价值。除对国家社会有重要参考价值或对后辈有纪念缅怀价值的家庭档案外，部分家庭档案超过了利用时限，如购物发票、设备使用说明书与保修卡等，其使用价值也会降低。因此，家庭档案的时效性要求及时收集鉴定家庭档案材料，并对失效的家庭档案及时销毁。[4]

10.2.2 意义

建立完整规范的家庭档案，不仅可以巩固家庭成员关系，推进家庭生活的和谐发展，而且对国家社会发展也有积极的促进作用。其意义主要表现在以下几个方面：[5]

（1）维护家庭成员的合法权益，科学管理家庭。在家庭成员的学习、工作与生活中，随时都有可能需要家庭档案，如出生证、身份证、房产证、学位证书、结婚证或财产支出明细等作为参考材料或凭证，以维护家庭的合法权益。另外，家庭档案可有效辅助日常生活管理，使家庭生活便捷、有序，如家庭日常支出记录、购物发票与保修卡等。

（2）激励家庭成员。家谱、族谱等家庭档案对于传承弘扬家国精神、增进家庭的凝聚力具有激励作用。相关奖状、奖品、荣誉证书以及杰出家庭成员的日记、口述资料记录等均对家庭成员有鼓励示范作用。

（3）弘扬家庭文化，促进家庭和睦。家庭档案不只是物质资料，还是传播和弘扬家庭文化的有效载体，在培养家庭成员良好文化修养的同时，有利于树立良好家风，如家人合影、毕业留影、朋友来信等家庭照片档案还可维系或加深家庭成员之间的感情，促进家庭和睦。

（4）家庭档案是国家档案资源的重要组成部分。家庭档案尤其是知名人士的书信、照片、文章手稿等，对社会文化价值的传承与发展具有重要的支撑与参考价值。如2003年抗击非典疫情中，中国工程院院士钟南山的论文手稿及诊断记录，2020年抗击新型冠状病毒肺炎疫情的医护人员日记等"抗疫"档案，均为应对突发公共卫生事件、支持国家防疫抗疫提供了珍贵的档案资源。

（5）反映历史发展趋势，助力史学研究深入开展。家庭是社会的缩影，家庭档案记录的信息反映了历史社会发展变迁。如随着国民经济与信息技术的发展，以往家庭档案中的纸质购物发票已经变为电子发票。发票的形式、存储模式、归档对象的变迁侧面反映出技术变革下我国近30年来的发展成果。此外，家谱、族群、社群档案对于相关家族史、人类学史及社会发展史等的研究也具有积极参考价值与材料支撑作用。

10.3　家庭档案的归档

10.3.1　归档流程

各类家庭档案材料归档整理前一般都处于分散无序的状态，不利于长期保存和有效利用，而家庭档案的归档就是使之集中序化的过程。家庭归档材料建档的基本流程如下：

首先，通过多方途径广泛收集家庭档案材料，丰富家庭档案的内容，并鉴定收集文件材料的价值，对家庭或社会具有查考、保存和使用价值的各类材料均应纳入收集范围，对存在污渍等的文件材料清理后归档与保存。其次，整理经过鉴定清理后的家庭档案材料，包括分类、排序、编号、编目与装盒等环节，对各类家庭待归档材料序化后统一集中管理。最后，做好家庭档案的保管与利用工作。

10.3.2　家庭档案的收集

10.3.2.1　收集范围

家庭档案的收集，即将分散在各家庭成员手中或其他地方的家庭档案材料收集后以家庭为单位集中统一管理。收集家庭归档材料前，首先要确定家庭档案的归档范围。对家庭或社会有重要参考与利用价值或是可反映家庭特色的材料均应纳入收集范围。实施中，各家庭可根据实际情况确定收集范围，具体可参考表10.1。

表 10.1　家庭档案收集范围参考[6]

类别	收集范围
婴幼时期档案	家庭成员在婴幼时期形成的相关材料，如计划生育材料、出生证明、发育成长记录、婴幼保健与教育材料等
学生时代档案	家庭成员在学生时代形成的相关材料，如学习成绩单、毕业证、荣誉证书、学习笔记、毕业纪念记录材料与择业材料等
恋爱婚姻档案	家庭成员在恋爱或结婚时形成的相关材料，如情书、纪念品、婚前准备文件、结婚证、婚后情感记录材料等
工作业绩档案	家庭成员在社会工作中形成的反映工作业绩与成果的相关材料，如荣誉证书、手稿、工作日记与业绩证明材料等
家庭理财档案	具有家庭理财价值的相关材料，如家庭收支记录、购物发票、家用电器产品说明书、保修卡与维修记录、家庭投资记录等
医疗保健档案	家庭成员在医疗、保健与养生等方面的材料，如体检记录、诊疗记录、住院记录、医疗保险证、保健养生手册、防疫记录与健康码等
家庭历史档案	反映家庭历史的相关材料，如身份证、户口本、回忆录、族谱、家谱与家史等
爱好收藏档案	家庭成员书法、绘画、旅游过程中形成的相关记录，如书法绘画等实物收藏品、旅游纪念记录与其他创作成果等

常见的家庭档案收集范围包括的相关材料包括证件材料（图 10.1）、工作手册（图 10.2）、书信材料（图 10.3）与家谱材料（图 10.4）等。

图 10.1　证件材料①

图 10.2　工作手册材料②

---

① 图片源自 https://pic.sogou.com/d?query=%E5%AE%B6%E5%BA%AD%E6%A1%A3%E6%A1%88&mode=1&did=72#did71。

② 图片源自 https://www.sohu.com/a/281623023_182302。

图 10.3　书信材料①

图 10.4　家谱材料②

10.3.2.2　收集途径

确定家庭档案的收集范围后，收集途径的选择同样影响家庭档案材料收集的齐全与完备性。与其他档案不同，对于家庭档案的收集与归档整理，国家或地方层面无强制性要求，家庭档案的收集与归档整理通常为家庭的自发行为。为了保证家庭档案的收集质量，家庭档案的收集途径如下：[7]

（1）将原先分散在家庭成员手中的各类有价值的，包含但不限于文字、图表、录音、录像等材料全部收集。

（2）鼓励家庭成员从所属机构取回属自己保存的以文字资料为主的各类资料。

（3）尽可能将分散在家庭成员处的具有保存查考价值的各类材料收集齐全，避免遗漏。

（4）从亲朋好友、邻居、同事等处收集与本家庭或家庭成员有关的具有归档价值的材料。

（5）从原籍地或宗祠等收集家史、家谱等材料。

10.4　家庭档案的整理

家庭档案的整理，就是根据家庭文件材料的形成规律，按照一定的方法，把档案整理成便于保管和利用的形式的过程。包括对档案材料组件（卷）、装订、分类、排序、编号、编目、装盒等过程。

---

① 图片源自 http://www.tznews.cn/show-15-513930.html。
② 图片源自 https://www.sohu.com/a/281623023_182302。

10.4.1 分类

10.4.1.1 分类方法

家庭档案的分类是指将家庭形成的全部档案,按其来源、时间、内容、形式划分类别,形成家庭档案的有机体系。在对家庭档案分类整理前,需先确认家庭档案的分类方法,制定具体的分类细则以及可操作性强的分类方案。家庭档案常规的可供参考的分类方法包括:[8]

1. **时间分类法**

时间分类法即按照家庭档案形成的时间进行分类,实施中可分为婴幼儿时期、学生时期、恋爱婚姻、工作时期与老年时期等具体类别。

2. **内容价值分类法**

内容价值分类法指按照家庭档案的内容价值分类,实施中可分为生产经营、培训教育、文化娱乐、家庭理财、医疗保健、家庭历史、家庭收藏与综合等类。生产经营类可包括工作日志、契约协议与就业履历材料等;培训教育类可包括学历学位证书、学习成绩单与手稿笔记等;文化娱乐类可包含旅游出行记录材料、家庭纪念与庆祝材料等。

3. **成员分类法**

成员分类法即按家庭档案内容所涉及的成员来分类,如父亲档案、母亲档案、儿女档案、祖父母档案以及家庭其他成员档案等。实施中可另设一个综合类,将家庭整体形成的档案材料或者归入不了某个家庭成员类的材料放入综合类。

4. **名称分类法**

名称分类法即按照家庭档案材料的名称或种类来分类,具体可分为证件材料、书信材料、照片、录音录像、票据材料与综合材料等。如证件材料可包含学历证书、职称证书、工作证、结婚证、出生证、选民证、独生子女证、党团员证、会员证、房产证与土地使用证等。

5. **载体分类法**

载体分类法即按家庭档案材料形成的载体进行分类。一般可分为纸质类、实物类、声像类、电子类。其中,纸质类包括各种学习笔记、日记、写作手稿、发表过的作品、收集的纸质类资料,体检、就医、保健资料,购置、装修房屋及房屋使用管理的票据,各种购物票据,各类通信工具、有线电视、宽带、水、电、气等申报办理、交费资料,投资股票、债券、基金、保险、理财等票据,家用电器和家具的维护使用资料,旅游和娱乐的交通票据、节目单、简介、门票、地图,通信录、名片,家庭历史资料等各种纸质载体资料;实物类包括各种证书、荣誉、纪念证、章、牌、纪念品、工艺品、文物、邮票、首日封、明信片、贺卡、请柬、书画作品、信封、书签等实物载体资料；声像类包括个人成长、工作、学习、娱乐、旅游或重大活动形成的照片、底片，以及录音带、录像带等声像资料；电子类是指通过电脑可阅读的各种资料的电子文件，以光盘、磁盘、移动硬盘、U盘等载体脱机保管。

一般情况下，档案数量少的家庭可选取上述方法的一种。但家庭档案数量比较多的，仅用一种就不够了，需要采用两种以上分类方法进行组合，详见10.4.1.2 节。

10.4.1.2 组合分类方案

不同类型的家庭，其家庭档案内容各异。与家庭档案收集范围类似，各家庭可根据实际情况设置家庭档案分类方案。结合上述分类方法，可以形成多种可供参考的复合型分类方案。

1. 成员—时间分类方案

家庭成员为一级类目，归档材料的形成时间为二级类目，如表10.2 所示。

表10.2　成员—时间分类方案[9]

序号	一级类目	二级类目
1	丈夫	婴幼儿时期、学生时代、恋爱婚姻、工作时期与老年时期等
2	妻子	婴幼儿时期、学生时代、恋爱婚姻、工作时期与老年时期等
3	儿/女	婴幼儿时期、学生时代、恋爱婚姻、工作时期与老年时期等
4	综合	家庭理财、家庭历史与家庭收藏等

2. 成员—内容价值分类方案

家庭成员为一级类目，档案材料的内容价值为二级类目，如表10.3 所示。

表10.3　成员—内容价值分类方案

序号	一级类目	二级类目
1	丈夫	生产经营、培训教育、文化娱乐与医疗保健等
2	妻子	生产经营、培训教育、文化娱乐与医疗保健等
3	儿/女	生产经营、培训教育、文化娱乐与医疗保健等
4	综合	家庭理财、家庭历史与家庭收藏等

3. 成员—名称分类方案

家庭成员为一级类目，档案材料的名称或种类为二级类目，如表10.4 所示。

表 10.4　成员—名称分类方案[10]

序号	一级类目	二级类目
1	丈夫	证件材料、书信材料、照片、录音录像与票据材料等
2	妻子	证件材料、书信材料、照片、录音录像与票据材料等
3	儿/女	证件材料、书信材料、照片、录音录像与票据材料等
4	综合	家庭理财、家庭历史与家庭收藏等

其中，以家庭成员分类作为一级类目，其他几种分类方法作为二级类目的分类方案更有利于家庭档案的收集、保管与利用。家庭理财、家庭历史与家庭收藏等以家庭为单位产生的档案材料归为综合类较为妥当。

4. 内容价值—成员分类方案

档案材料的内容价值为一级类目，家庭成员为二级类目，如表 10.5 所示。

表 10.5　内容价值—成员分类方案

序号	一级类目	二级类目
1	生产经营	丈夫、妻子、子女与家庭其他成员
2	培训教育	丈夫、妻子、子女与家庭其他成员
3	文化娱乐	丈夫、妻子、子女与家庭其他成员
4	医疗保健	丈夫、妻子、子女与家庭其他成员

5. 综合分类方案

组合分类为四个级别：一级类目为成员，类目个数为家庭成员总数加一个综合类；二级类目为载体，类目个数为纸质、实物、声像、电子四个；三级类目为内容，个数根据档案材料的内容定，可随时增加；四级类目为时间，即档案材料形成的时间，如表 10.6 所示。

表 10.6　家庭档案综合分类方案

序号	成员	载体	内容	时间
1	综合（ZH）	纸质（ZZ）	学习笔记	××××
			工作笔记	××××
			体检医疗	××××
			购物票据	××××
			……	……

（续上表）

序号	成员	载体	内容	时间
1	综合（ZH）	实物（SW）	证书	××××
			荣誉	××××
			字画	××××
			邮票	××××
			……	……
		声像（SX）	照片	××××
			底片	××××
			录音带	××××
			录像带	××××
			……	……
		电子（DZ）	电子资料	××××
			数码照片	××××
			数码录音	××××
			数码录像	××××
			……	……
2	张三（ZS）	纸质（ZZ）	学习笔记	××××
			工作笔记	××××
			体检医疗	××××
			购物票据	××××
			……	……
		实物（SW）	证书	××××
			荣誉	××××
			字画	××××
			邮票	××××
			……	……
		声像（SX）	照片	××××
			底片	××××
			录音带	××××
			录像带	××××
			……	……
		电子（DZ）	电子资料	××××
			数码照片	××××
			数码录音	××××
			数码录像	××××
			……	……
……	……	……	……	……

10.4.2　装订

装订是将归档文件以件（卷）为单位进行固定的过程。家庭档案的装订可选用变形材料装订法或粘接法。变形材料装订法是将归档文件以不锈钢订书钉、不锈钢夹固定在一起的装订方法，粘接法是将归档文件以浆糊等黏合剂黏合在一起的装订方法。一般情况下，应尊重档案材料的形成过程，以"件"为单位整理的档案一般不再装订，但要将原来的普通订书钉更换为不锈钢材料，以"卷"为单位整理的档案组卷后则需重新装订，表格、图纸、未装裱的书画作品等大于一般档案装具规格的档案材料需折叠为 A4 纸张大小后装盒保管，不用装订。

10.4.3　排列

家庭档案的排列分为盒内档案材料的排列及档案盒的排列。盒内档案材料一般是在分类方案最低一级类目下结合事由、形成时间与重要程度等因素确定先后顺序。一般情况下主要按其形成时间的先后顺序排列。此外，为了保持家庭档案间的有机联系，家庭档案盒应按家庭档案分类与盒号的先后顺序排列，若存在某一类家庭档案材料装入若干盒，可结合盒内档案材料的排列顺序决定该类档案盒的先后顺序。[11]如纸质类档案、证书类或能折叠的实物档案一般装入档案盒保管，档案盒按类别排列。如果某一类档案装了好几盒，则根据盒内档案材料形成的时间排序。照片档案按成员分开后可进一步按照片规格尺寸，如 3R、4R、4D、黑白等分开，再按时间顺序排列，为便于整理和查阅，通常相同尺寸的照片放入同一规格的相册内。家庭档案盒的排列如图 10.5 所示。

图 10.5　家庭档案盒的排列①

---

①　图片源自 https://pic.sogou.com/d? query = % E5% AE% B6% E5% BA% AD% E6% A1% A3% E6% A1% 88&mode = 1&did = 11#did10。

10.4.4 编号

经过分类排列后，家庭档案材料需要进行编号，以固定其位置，便于家庭档案查找利用及归位。家庭档案所编号码包括件号、页号与盒号。件号是在分类方案最低一级类目内按档案排列顺序，即档案材料形成时间顺序，从"1"开始由低向高编制。页号是以"件"为单位对家庭纸质档案材料逐页编制的页码，也指从"1"开始编制的流水号。编号一般统一标注在纸质材料正面右上角或背面左上角的空白位置，以不遮盖内容为宜。盒号的编制应在装盒完成后进行，在一级类目内从"1"开始编流水号。[12]

家庭档案的件号编制实例如表10.7所示，以张三为例，在制订的分类方案最低一级类目内，以"件"为单位按档案排列顺序从"1"开始编流水号。而"盒号"的编制，张三是在装盒完成后进行的，需要在一级类目内从"1"开始编流水号，前面可加上大类代号，如张三—1（ZS-1）表示该盒为张三的第一盒档案，综合（ZH-1）表示综合类的第一盒档案。

表10.7 件号编制实例[13]

张三	婴幼时期	件号：1～n
张三	学生时代	件号：1～n
张三	恋爱婚姻	件号：1～n
综合	房产设备	件号：1～n
综合	家政管理	件号：1～n
综合	家庭历史	件号：1～n
综合	家庭收藏	件号：1～n

以上述10.4.1.2组合分类方案中第5点综合分类方案为例，实操中档案号的编制格式建议为"成员—载体—内容—序号—形成时间"。其中，成员、载体、内容可用拼音的首字母组合；序号为阿拉伯数字，从"1"开始，一个小类一个流水号，可根据需要确定用几位数；形成时间为档案形成的年度，用4位阿拉伯数字表示。

例如，张三2010年的一本学习笔记的档号如图10.6所示。

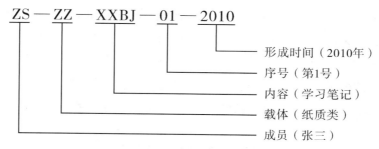

图 10.6　档号编制示例 1

装入档案盒保存的档案需要给档案盒编一个编号。一般情况下，同一内容的档案若为一个年度或跨年度，可以用年度号或起止年度号代替，不用再编号（图 10.7）。若同一内容在一个年度有 2 盒以上档案，建议在年度后再加序号，表示档案形成年度所在盒（图 10.8）。

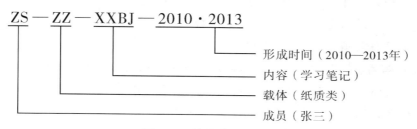

图 10.7　档号编制示例 2

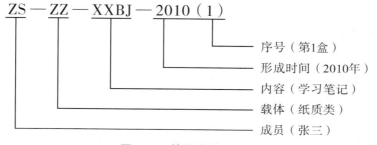

图 10.8　档号编制示例 3

另外，根据简化整理的原则，照片档案比较多时，可以不对每张照片编号，只参照档案盒的编号对相册进行编号。

10.4.5　编目

家庭档案的编目包含编制家庭档案目录、粘贴或填写档案盒脊背标签。

经过分类排列编号后，需要编制家庭档案材料目录，以便于管理和利用家庭档案。编制家庭档案材料目录应依据家庭档案分类方案和家庭档案材料的排列顺序逐件编制。家庭档案材料目录一般编制两份：一份装订成册单独存放，用于日常查询与利用；一份置于档案盒内，便于日常家庭档案管理。家庭档案材料目录（表10.8）的项目包括件号、责任者、题名、日期、页（张）数、保存期限和备注等。电子档案目录还需填写操作者、背景信息、存储载体等内容。

表10.8 家庭档案材料目录

件号	责任者	题名	日期	页（张）数	保管期限	备注

家庭档案材料目录填写说明如下：

（1）件号填写方法见10.4.4节的内容。

（2）责任者填写归档材料形成者或署名者。

（3）题名包括作者、内容、档案材料种类等项目。作者是指档案材料形成者，内容可简要描述档案材料反映的信息，明确档案材料种类，以便于查询与利用家庭档案，如××毕业证书、成绩报告单等。

（4）日期填写档案材料的形成日期，可以8位阿拉伯数字标注，如2020年5月1日标注为"20200501"。

（5）页（张）数用阿拉伯数字标注以"件"为单位的材料页码。

（6）保管期限指档案材料保存的最高期限。一般分为永久、定期30年和定期10年。

（7）备注填写家庭档案材料需要补充和说明的情况，包括缺损、修改、补充、移出、销毁等情况。

实操中，为了提高家庭档案目录编制效率，还可编写只包括成员、载体、内容、件号、题名、形成日期等要素的简式家庭档案目录（表10.9）。

表10.9 简式家庭档案目录

成员：张三　　　　载体：纸质　　　　内容：学习笔记

件号	题名	日期	备注

档案盒脊背标签可直接用碳素笔填写，也可填写在不干胶标签上后再粘贴在档案盒脊背上。档案盒脊背的标签应包含家庭成员姓名、类别、盒号、起止件号等内容，其中："家庭成员姓名"可直接填写真实姓名，也可填名字缩写、代称或代号；"类别"项则可参照分类方案填入婴幼时期、学生时代、恋爱婚姻、工作业绩、家庭理财、医疗保健、家庭历史等，也可填入分类代码，如婴幼时期为"1"、学生时代为"2"，分类代码可自定义，但需与分类方案同步；"盒号"即全部家庭档案盒排列的流水号，从"1"开始，某一分类下的第 1 盒的盒号为"1"，依此类推；"起止件号"指盒内档案材料的起止件号，用"× - ×"标识，如盒中的档案材料是第 1 件至第 11 件，则该盒起止件号为"1 - 11"[14]。（图 10.9）

图 10.9　家庭档案盒脊示例①

10.4.6　装盒

家庭档案的装盒是将家庭档案材料按件号排列顺序装入档案盒，具体要求有：

（1）不同类别的材料不宜装在同一档案盒内，以便家庭档案的查询与利用。

（2）档案材料的装盒顺序，应与目录条目顺序保持一致，即按档案材料的件号先后顺序装盒。

（3）尽量使用专门的家庭档案盒，如图 10.10 所示。

（4）可在每个档案盒内放置备考表，用于填写该盒家庭档案的补充说明。

（5）对于不能装盒的家庭档案可采取其他装具妥善保管，但应符合基本保管要求[15]，详细内容可参见 10.5.2.2 节。

---

① 图片源自 https://www.sohu.com/a/281623023_182302。

图 10.10　家庭档案盒[①]

无酸档案盒是保存档案最好的装具，不仅排列起来整齐美观，还有防虫功能，所以能装入档案盒的档案尽量用档案盒保管。纸质类档案、小型及可折叠的实物档案都可装入档案盒；电子类档案的光盘可放于防磁柜或装入光盘档案盒，也可装入普通档案盒；照片类档案则宜装入相册，方便阅览；其他不能装盒的档案可在柜中陈列或用其他合适的装具妥善保管。

10.5　家庭档案的保管与利用

10.5.1　家庭档案的法律保护

家庭档案是私人档案的一种，国外相关档案法中关于家庭档案等私人档案的篇幅较长。以法国为例，在家庭档案的征集、保管与利用方面的法律保护与相关制度较为详尽，形成了包括与宣传动员、免税政策、鼓励捐赠以及重要家族或个人保持紧密联系等系列私人档案的征集措施、私人档案保管报告制度、私人档案登记制度、私人档案出口制度、私人档案建议帮助制度等[②]，为我国私人档案管理流程、立法与救济提供了可供参考借鉴的经验与对策。

我国最新颁布的《档案法》对以家庭档案为代表的私人档案管理做出了最

---

① 图片源自 https://www.sohu.com/a/70863353_349154。
② 郑锦霞：《从中法档案法规比较看我国私人档案管理的现状及其对策》，载《档案时空（业务版）》2006 年第 12 期，第 23～25 页。

新规定：私人档案所有者在档案寄存、捐赠与征购等方面可以寻求档案行政部门的帮助；严禁私人档案所有者出卖、赠送给国外组织或个人。[16]但目前国内关于私人档案的征集与利用等方面的法律制度有待完善，以防止"梁启超档案拍卖"与"季羡林档案外流"等名人家庭档案流失类似案件再次发生。虽然我国在国家层面尚缺乏有关家庭档案管理保护的相关制度，但许多省份已经发布了家庭档案管理规范或指南，如《广东省家庭建档工作指引》《湖北省家庭建档指南》《湖南省家庭建档指南》等，在一定程度上促进了当地家庭档案规范化管理。

10.5.2 家庭档案的保管

10.5.2.1 保管期限的确定

家庭档案可根据其使用价值来确定其保管期限，如永久、长期和短期。保管期限为"永久"的一般是对家庭社会有纪念意义、重要参考价值的家庭档案，保存期限一般为30年以上，如族谱、家谱、有纪念价值的照片、音像、房产证以及古董字画、邮票、钱币等家庭成员收藏品等；保管期限为"长期"的家庭档案一般保存5~30年，如发票、家电使用说明、医疗病历、保单等；而保管期限为"短期"的家庭档案具有短期时效性特点，保存期限一般为5年内，如水、电、煤气、电话交费凭证，工资单，电器保修卡等。[17]

10.5.2.2 保管的要求

家庭档案的保管要求一般低于档案馆（室）的保管要求，但仍须遵循以下原则：一是保证家庭档案的安全；二是保证其可用，即便于家庭档案的查找与利用，否则就失去了家庭建档的意义。具体的保管要求包括：

1. 专人保管

任何档案都应由专人负责保管，保证档案的安全与可用性，家庭档案也不例外。家庭档案可由档案寄存外包服务行业的人员保管，也可以由家庭成员保管。家庭档案最好由专人统一管理，且该保管人员应具备良好的档案素养以及档案保管意识。

2. 采用专门的档案装具

一般家庭档案的数量不多，但也应该有专门的档案装具保管。通常家庭档案的装具可以是书柜、书架或其他箱柜，如图10.11所示，也可以为自制的家庭档案箱；家庭档案数量比较多的家庭也可设计定制专门的家庭档案柜对家庭档案进行保管。无论家庭档案数量多少，都应有专门保存家庭档案的装具，其中特别贵重或者是与个人隐私相关的家庭档案可用单独的装具存放保管，必要时还应加上防泄密或防盗窃装置，如密码锁等。

图 10.11　家庭档案存放橱柜①

3. 保存地点应固定

保存地点不固定易造成家庭档案丢失，也不利于家庭档案的日常利用，因此，家庭档案的保存地点应相对固定。条件允许的话，应该统一家庭档案的存放地点。条件不允许也可分散存放家庭档案，但应明确存放位置且达到保管条件。确定存放位置方便家庭档案利用后的"物归原位"，避免随手放置。

4. 设立临时存放家庭档案的档案盒或卷夹

家庭档案材料的产生与家庭生活密切相关，比其他类型档案的产生更具随意性，因此，需要设立临时存放家庭档案的档案盒或卷夹，以免丢失家庭档案材料，如购物小票与家用电器保修卡等。家庭成员平时形成的归档材料，一般可以先放在档案卷夹里或放在预归档的档案盒里，统一集中整理后再分门别类正式归档。[18]

5. 限定家庭档案保管的条件

通常家庭档案的保管条件虽然不能与档案馆（室）的"八防"保管条件相比，但应该可以做到防火、防水、防潮、防虫、防光等保管要求，如远离火源、水源与食物，不能搁置在潮湿或阳光直射的地方，条件允许的话，可在专门存放家庭档案装具的橱柜里放置樟脑丸等防虫蛀物品，同时录音录像带、光（磁）盘等磁性材料档案要远离磁场，避免消磁。

---

①　图片源自 https://pic.sogou.com/d? query =％E5％AE％B6％E5％BA％AD％E6％A1％A3％E6％A1％88&mode =1&did =8#did7。

10.5.3　家庭档案的利用

任何档案的归档保管都是为了更好地提供利用。收集、整理、鉴定与保管等系列环节的最终目的是更好地利用家庭档案，使其更好地服务家庭与社会。

10.5.3.1　建立家庭档案利用制度

家庭档案一般为自家使用，如无相应的制度约束，家庭档案在利用中易出现丢失、毁坏等问题。建立家庭档案利用制度可提高家庭成员的档案利用保护意识，通常家庭档案利用制度构建应包括以下内容：

（1）家庭成员在利用家庭档案时应注意保护档案材料，避免丢失损坏。利用后应检查其完整性并按保存顺序及时放回原处，不能打乱原存储顺序，做到随用随归，切忌随意乱放。

（2）家庭档案一般不对家庭成员以外的用户提供利用，如需对外提供利用需要有家庭成员担保且原则上提供复制件。当必须提供原件时，担保人要及时收回家庭档案原件，否则容易出现原件丢失与信息泄露等问题。

（3）家庭档案的利用应尊重家庭成员个人隐私。涉及家庭成员个人隐私的材料，其他成员不能随便查看与利用；涉及家庭家族隐私财产等档案材料，不能对外泄露与提供利用。

（4）条件允许时，利用与归还家庭档案的同时应做好记录工作，出现档案丢失、毁坏等问题时应保证"有迹可循"。

（5）家庭档案的利用不能损害国家集体或他人利益。[19]

10.5.3.2　家庭档案的利用形式

家庭档案的利用形式多样，大体上可分为证明、教育、回忆、汇编及研究型利用等，其中证明型利用是家庭档案基础的常规利用形式。

1. 证明型利用

家庭档案是家庭成员在生活、学习或工作中形成的真实历史记录，具有重要的凭证价值。如身份证、户口本、学生证等档案可提供家庭成员身份、教育证明；毕业证、获奖证书、资格证书与技能证书等档案可提供履历技能证明；项目成果与各种表彰荣誉称号等档案可提供成果绩效证明。同时，家庭档案也是解决生活中常见问题或纠纷，如医疗纠纷、工作纠纷与生活纠纷等的重要凭证，能够维护家庭成员的正当权益。如员工权益纠纷案中，沈阳市家庭档案宣传员赵某在儿子遇到拖欠工资的问题时，拿出儿子工作照、与工作同事合照等资料作为证据，从而取得胜诉，讨回了拖欠的工资，依法维护了家庭成员的合法权益。[20]

2. 教育型利用

家庭档案记载与反映了家庭成员各个时期生产生活的奋斗历程，它不仅对家庭成员具有凭证查考作用，而且对家庭成员具有爱国、崇孝、感恩、维权等意识以及习惯的养成教育作用等。如孝文化是我们继承与发扬的中华民族传统美德，家庭档案能起到崇孝教育的作用。

3. 回忆型利用

各家庭成员婴幼儿、学生及恋爱婚姻时期形成的家庭档案均为家庭成员追忆往事提供了回忆的凭证。通过翻看这些材料可以忆苦思甜，对比过往与当下的生活，让家庭成员珍惜彼此，珍惜当下生活，并为创造更加幸福美好的家庭生活努力奋斗。如江苏省退休书记杨春和的家庭档案，尤其是在改革开放期间的工作日记与相关纪实材料，鼓励后代子孙继承前辈艰苦奋斗的精神，并在社会主义建设中贡献自己的力量。[21]

4. 汇编型利用

汇编型利用是指将家庭成员在工作、学习和生活中形成的具有保存利用价值的各类家庭档案材料，按照一定的专题或主题汇编成册。如上例提及的沈阳市家庭档案宣传员赵某，将家庭成员工作、学习、娱乐、交往中形成的文件档案材料收集整理形成家庭档案，并以此为参考编撰形成了家庭档案汇编文集《八十年家史》，追忆了家人相处的美好时光与成长故事，并为后代工作学习留下了宝贵的参考凭证资料。[22]广州市原萝岗区档案馆靳国庆先生将其家庭档案按照一定的专题汇编，形成了包括文字、图片、图文、视频和新媒体等类型的编研成果（图10.12）。

图 10.12　部分家庭档案编纂成果

5. 研究型利用

研究型利用是指利用家庭档案开展学术研究。由于家庭档案是家庭经济、文化、社会生活历史的真实写照，对社会科学研究具有特定的参考价值。一部完整典型的家庭档案是一个家庭的历史缩影，更是整个社会的历史缩影，它记录与反映着社会、经济、政治、文化发展路径及时代特征。如连云港著名书法家陈凤桐先生将其家庭档案分为学生时代、走向社会、家庭生活、艺术人生与文化交流五个大类，这些类属既记载了主人公几十年的人生历程，也反映了连云港地区书法文化历史的发展历程。[23]同时，家庭档案也有助于家族史、家谱等编纂与研究工作的开展，侨批档案正是由众多家庭档案汇编而成。

10.5.4　家庭档案的鉴定

10.5.4.1　鉴定目的

家庭档案的鉴定是指对家庭档案进行定期或不定期的价值及销毁鉴定。通过鉴定来确定家庭档案是否继续保存或者销毁以及其保管期限。与一般档案鉴定不同，开展家庭档案鉴定更为必要。这是因为受限于保管处所与保管设备，一般家庭无法像国家档案馆一样开展大范围的档案存管，通过定期鉴定家庭档案，可保证具有真正参考利用价值的家庭档案得到有效管理与存储。

10.5.4.2　鉴定方法

鉴定家庭档案价值可参考内容及时间等因素。

1. 家庭档案的内容价值因素

家庭档案的内容价值是确定其保存利用价值及保管期限的重要参考因素。鉴别内容主要考量如身份证、户口本、学生证、毕业证、获奖证书、资格证书与技能证书等家庭档案是否具有证明、教育、回忆、汇编与研究等利用价值。

2. 家庭档案的时间因素

家庭档案的时间因素包含形成时间与有效时间两方面内容。一般情况下，家庭档案的形成时间越久远，其保存价值就越高，如关于家族重要的历史记录等，对研究家族历史与社会人类学史具有重要的参考价值。同时，家庭档案的有效凭证时间也是鉴定参考因素之一。部分家庭档案，如过期的合同、协议书、借据与保险单等，过了有效期后其价值降低或失去原有价值，其保存利用价值也会相应降低甚至失去。[24]

10.5.4.3　家庭档案的销毁

不具有保存价值的家庭档案应及时销毁，如过期保修卡与购物凭证等。待销毁的家庭档案可集中放置，经家庭各成员确认后集中销毁。销毁时应防止泄露家庭成员隐私信息，尤其是家庭财产状况与家庭成员身份信息等。

10.6　家庭档案整理实例——侨批档案

　　侨批档案是指清代至 20 世纪 70 年代我国广东、海南与福建地区海外侨胞通过民间渠道或金融邮政机构与家人联系过程中形成的包含票据、汇款凭证、信件等的各类档案材料。其中，侨批又称"银信"，是一种典型的家庭档案，也是研究我国近代华侨史、海外交通史、邮寄史和经济史等重要的参考凭证。[25]侨批档案 2013 年作为广东省首个世界记忆名录项目成功入选《世界记忆名录》。在制度规范方面，广东省 2018 年颁布了《广东省侨批档案保护管理办法》①（以下称《办法》）。《办法》界定了侨批档案的内涵外延，明确指出了省市各级档案主管部门应负责当地侨批档案的管理与指导，确保侨批档案的完整、真实与安全。同时，鼓励社会组织与个人积极捐赠侨批档案，设立侨批档案保护基金，参与侨批档案的管理、开发、保护及利用。[26]

　　侨批档案的整理与一般家庭档案的整理流程类似，但因其形成时间久远且保存方式不当，侨批档案易产生积灰、破损等现象，因此，要在分类、装订、排序、编号、编目与装盒等正式整理操作流程前做除尘与简单修复工作，以便妥善保存侨批档案，推动后续整理流程开展。侨批档案的分类可依据档案载体、档案内容与地域等要素进行。载体上可分为纸质类、照片类与实物类；内容上可分为侨批类、票据类、证件类与印章类，印章类档案材料又可分为护封印、吉祥印、商号印、书柬印与地名印；在地域方面可从寄批地与收批地入手，从地域上划分档案材料的属地。其余整理流程与一般档案无异。[27]

　　侨批档案作为近代我国典型的家庭档案，其形成时间跨度大且保存相对完整，既展现了家庭或家族的情感寄托，也在一定程度上反映了我国近代社会、经济、文化历史的变迁，是近代关系史、经济、战争史研究的重要参考资料。

参考文献

　　[1] 广东省档案局办公室. 广东省家庭建档工作指引［EB/OL］.［2020 - 08 - 19］. http://www.zhda.gov.cnfgbz201809/P02018091336117777723-12.pdf.

　　[2] 许芳, 荆绍福. 家庭档案的建立与管理导引篇［M］. 北京：中国档案

---

　　① 广东省人民政府：《广东省侨批档案保护管理办法》，载《广东省人民政府公报》2018 年第 4 期，第 2～4 页。

出版社，2007.
[3] 谭波. 如何建立和管理家庭档案[J]. 兰台世界，2016（S1）：21-22.
[4] 许芳，荆绍福. 家庭档案的建立与管理导引篇[M]. 北京：中国档案出版社，2007.
[5] 张大彤. 建立家庭档案的意义及其整理方法[J]. 机电兵船档案，2008（4）：43-44.
[6] 湖北省档案馆. 湖北省家庭建档指南[EB/OL].［2020-08-19］. http://www.hbda.gov.cninfo1427.jspx.
[7] 岑尚莲. 如何建立和利用家庭档案[C].//国家档案局. 档案与文化建设：2012年全国档案工作者年会论文集（下）. 国家档案局：中国档案学会，2012：143-148.
[8] 宋阳. 做好家庭生活档案提高日常生活质量——浅议家庭档案的整理方法[J]. 潍坊教育学院学报，2008（02）：103-104.
[9] 湖南省档案局. 家庭建档指南[EB/OL].［2020-08-19］. http://sdaj.hunan.gov.cnsdajztzl/41180/201306/t20130605_1981078.html.
[10] 湖南省档案局. 家庭建档指南[EB/OL].［2020-08-19］. http://sdaj.hunan.gov.cnsdajztzl/41180/201306/t20130605_1981078.html.
[11] 许芳，荆绍福. 家庭档案的建立与管理导引篇[M]. 北京：中国档案出版社，2007.
[12] 湖北省家庭建档指南[EB/OL].［2020-08-19］. http://www.hbda.gov.cninfo1427.jspx.
[13] 湖南省档案局. 家庭建档指南[EB/OL].［2020-08-19］. http://sdaj.hunan.gov.cnsdajztzl/41180/201306/t20130605_1981078.html.
[14] 苏州市档案局. 苏州市家庭档案归档整理规则.[EB/OL].［2020-08-19］. http://www.daj.suzhou.gov.cnszdaInfoDetail/? InfoID=b2072006-477a-4085-9c39902e5ae7eebc&CategoryNum=004002.
[15] 苏州市档案局. 苏州市家庭档案归档整理规则.[EB/OL].［2020-08-19］. http://www.daj.suzhou.gov.cnszdaInfoDetail/? InfoID=b2072006-477a-4085-9c39902e5ae7eebc&CategoryNum=004002.
[16] 中华人民共和国档案法[S/OL].［2020-08-12］. http://www.saac.gov.cn/dajfalv202006/79ca4f151fde470c996bec0d50601505.shtml.
[17] 蓝素文. 家庭档案的整理和保存研究[J]. 山西档案，2019（04）：137-142.
[18] 许芳，荆绍福. 家庭档案的建立与管理导引篇[M]. 北京：中国档案出版社，2007.

［19］许芳，荆绍福. 家庭档案的建立与管理导引篇［M］. 北京：中国档案出版社，2007.

［20］赵瑞敏. 我的"家庭档案"［EB/OL］.（2014-10-16）［2020-08-19］. https://www.saac.gov.cn/zt/2014-10/16/content_70224.htm.

［21］李小霞. 光影穿梭，家庭档案岁月留痕［EB/OL］.［2020-08-19］. https://mp.weixin.qq.com/s/qZmVd2u2YC4mtzMCEEdfOw.

［22］赵瑞敏. 我的"家庭档案"［EB/OL］.（2014-10-16）［2020-08-19］. https://www.saac.gov.cn/zt/2014-10/16/content_70224.htm.

［23］张晨晨. 一位连云港老人的"家庭档案"，折射出一个时代变迁！［EB/OL］.［2020-08-19］. https://mp.weixin.qq.com/s?src=11&timestamp=1600138505&ver=2585&signature=b1GRkrWWXH85dr-ArY9zMeJxdoPalpq3zELoO3-Dtn1afoi6S4-wwhqVjMv2NVld1rIe78MfmC0-AcgG2q-Eyt8EQ5yTRPCc3Ixsgz8km-TNypB7agF9IEDIRPvakN-jKvfb-&new=1.

［24］许芳，荆绍福. 家庭档案的建立与管理导引篇［M］. 北京：中国档案出版社，2007.

［25］石剑文. 侨批档案文化遗产研究［J］. 兰台世界，2015（14）：122-123.

［26］广东省侨批档案保护管理办法［J］. 广东省人民政府公报，2018（04）：2-4.

［27］聂勇浩，陈童. 侨批档案整理方法探讨［J］. 山西档案，2017（01）：49-53.